VIRGULE ANIMALE

LE CIL VERT / ANAÏS FRÉBEAU

LA VENGEANCE DES ANIMAUX

fayard Graffik

SOMMAIRE

CHAPITRE 1 — 6
ANIMAUX SUR TERRE

L'Amazonie comme vous ne l'avez jamais vue 8
Le panda ne mérite pas votre amour 14
Quiz : la chèvre des montagnes 15
Les pires évolutions 17
Les animaux les plus insolents de France 22
Les koalas, des animaux pas très futés 26
L'insolence des singes 27
Vrai ou faux 33
Les paresseux, c'est trop des branleurs 35

CHAPITRE 2 — 36
ANIMAUX AQUATIQUES

Pourquoi les dauphins sont encore en poster dans la chambre de nos enfants 38
Les super-pouvoirs des animaux dans l'eau 41
Animaux terrifiants des océans 47
Le léopard des mers 52
Sauvez-vous, voici l'orque 53

CHAPITRE 3 — 56
ANIMAUX DES AIRS

Les corbeaux sont les pires imitateurs du ciel 58
Les oiseaux 59
Les poules vont toutes nous démolir 65
Le casoar 66
Quiz : qui suis-je ? 71
Le bec-en-sabot du Nil 73

CHAPITRE 4 — 74
PETITS MAIS COSTAUDS

Les pires piqûres 76
Les castors 80
Les animaux les plus invasifs 81
Chérie, j'ai rétréci les gosses pour étudier les insectes 89
Les expériences du professeur Chaudron 95
Vos pires cauchemars 104
Les super-pouvoirs des animaux, mini-taille, maxi-power 108

CHAPITRE 5 — 114
VIOLENTS ET INSOLENTS

Les lapins, ça mange des carottes et c'est trop mignon 116
Les loutres, l'animal le plus violent d'Amazonie 117
Les hippopotames n'ont aucun respect 118
Destination lune de miel 119
En mode combat 126
Les crocodiles 131
Les hippotragues 132
Le requin-lutin 133
Les manchots sont des psychopathes 134
Les animaux les plus violents 135
Le glouton, roi de l'agressivité 141
Les animaux barbares 142
Le ratel 147
Le diable de Tasmanie 148
L'élan, l'animal le plus terrifiant du Nord 149
Les animaux qui tuent le plus d'humains 150
Bilan des morts 152
Les venimeux 154
Les balèzes 155
Le podium des killers 156

Remerciements 159

CHAPITRE 1

ANIMAUX SUR TERRE

1 | ANIMAUX SUR TERRE

ALLEZ, ALLEZ, LES TOURISTES... MON COUSIN STEVE DARWIN PARLE SOUVENT DE L'AUSTRALIE COMME D'UN TERRITOIRE DE PURE VIOLENCE
MAIS C'EST DE LA RIGOLADE PAR RAPPORT À L'AMAZONIE, QUI EST PLEINE DE SURPRISES
PRENEZ PAR EXEMPLE LA CHAUVE-SOURIS VAMPIRE, ON ESTIME QUE 50 % DES MAMMIFÈRES D'AMAZONIE SONT DES CHAUVES-SOURIS...
DONT TROIS ESPÈCES SONT DES VAMPIRES QUI ADORENT SUCER VOTRE SANG LA NUIT
L'AMAZONIE
COMME VOUS NE L'AVEZ JAMAIS VUE
TOUR GUIDÉ

VOUS AVEZ CHAUD ? ENVIE DE VOUS DÉSALTÉRER ?
JE VOUS DÉCONSEILLE D'ALLER À LA RIVIÈRE, LÀ OÙ VIT L'ANACONDA GÉANT, LE PLUS BALÈZE DES SERPENTS AU MONDE :
8 M DE LONG, 200 KG DE MUSCLES QUI ADORENT S'ATTAQUER AUX PETITES VICTIMES QUE VOUS ÊTES
SURTOUT SI VOUS PASSEZ SUR SON TERRITOIRE...

DE FAÇON GÉNÉRALE, ON NE S'APPROCHE PAS DE L'EAU...
SOUS PEINE DE TOMBER SUR UN CAÏMAN NOIR !
QUASIMENT DISPARUS IL Y A UN TEMPS, ILS ONT PU PROLIFÉRER GRÂCE AUX LOIS ANTI-CHASSE ET À LEUR ENVIE DE CHAIR FRAÎCHE

AH, ET CONNAISSEZ-VOUS LA LOI DU « SI J'AI DE BELLES COULEURS, TU ME TOUCHES, T'ES MORT » ?
C'EST VALABLE POUR LES DENDROBATES... BAS LES PATTES !
CES GRENOUILLES ONT UN POISON SUR LEUR PEAU CAPABLE DE TUER 10 ADULTES
VOUS POUVEZ VOUS EN FAIRE LIVRER CHEZ VOUS EN FRANCE POUR 50€... L'INSOLENCE FRANÇAISE !

UNE PETITE FAIM ? JE VOUS DÉCONSEILLE LES BANANES...
...INFESTÉES D'ARAIGNÉES BANANES PORTEUSES DU DEUXIÈME NEUROTOXIQUE LE PLUS FOUDROYANT DE TOUTES LES ARAIGNÉES
AH OUI ?
ULTRA-AGRESSIVES, SON VENIN VOUS DONNERA ENVIE DE FAIRE L'AMOUR, C'EST PAS DES BLAGUES !
MAIS SI VOUS SURVIVEZ, CELA POURRA CAUSER UN MANQUE D'ENVIE SEXUELLE À VIE !

LE BOSS DE LA JUNGLE, ÇA RESTE QUAND MÊME LE JAGUAR, QUI GIFLE PLUS DE 90 ESPÈCES DE GROSSES VICTIMES, DES CAPYBARAS JUSQU'AU CAÏMAN NOIR
ILS SONT TELLEMENT PUISSANTS QU'ILS PEUVENT EMMENER UNE VACHE DANS LES ARBRES POUR LA DÉVORER ET...
BAH... VOUS ÊTES OÙ ?
YOUHOU ?
RAH, CES TOURISTES, ILS DISPARAISSENT TOUJOURS... ÇA ME REND FOU !

↘ LE PANDA ne mérite pas votre amour

↘ QUIZ : QUI SUIS-JE ?

JE SUIS UN ANIMAL QUI ADORE JOUER AVEC LA GRAVITÉ ET QUI VIT DANS LES MONTAGNES ROCHEUSES DES ÉTATS-UNIS

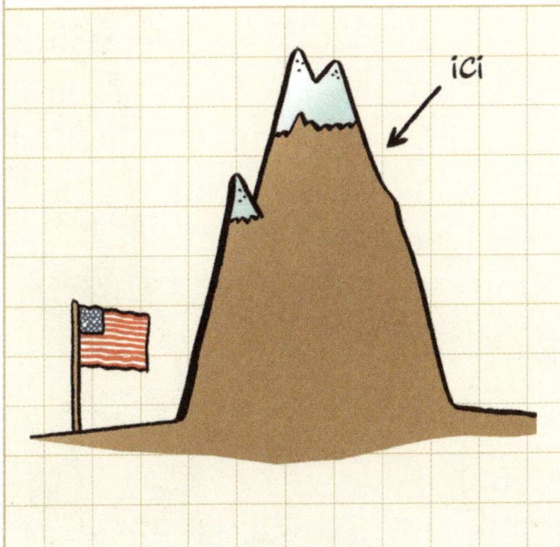

JE NE ME NOURRIS QUASIMENT QUE D'HERBE, MAIS ENTRE 500 ET 2500 MÈTRES AU-DESSUS DU NIVEAU DE LA MER

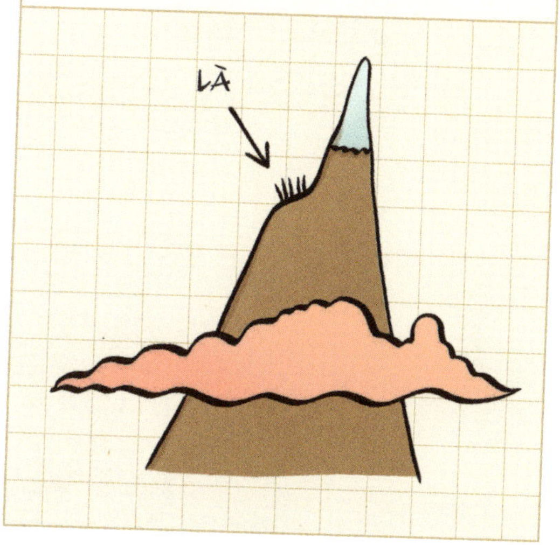

MÂLES ET FEMELLES SE RENCONTRENT ENTRE NOVEMBRE ET DÉCEMBRE, APRÈS QUE LES MÂLES SE SONT BATTUS

ET MES PETITS PEUVENT DÉJÀ COURIR, SAUTER ET GRIMPER QUELQUES JOURS APRÈS ÊTRE NÉS... QUI SUIS-JE ?

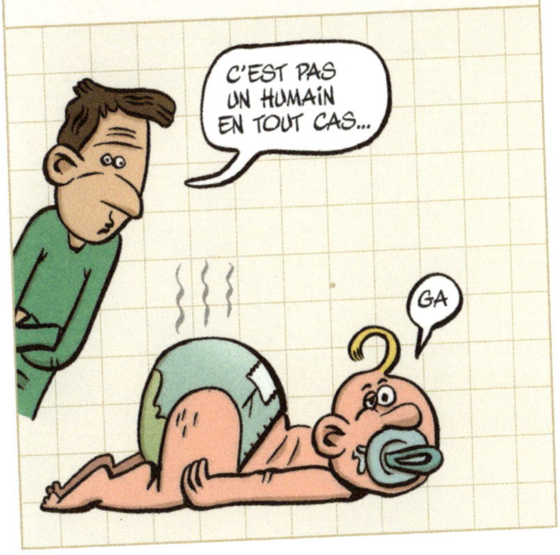

RÉPONSE

JE SUIS

LA CHÈVRE DES MONTAGNES

↘ LES PIRES ÉVOLUTIONS

LE PAON BLEU PAR EXEMPLE, 0/20 EN CAMOUFLAGE, ET ON L'A MIS OÙ ?
DANS LES FORÊTS D'INDE ! AVEC QUI ?
DES INDIENS ?
LÉÉÉON
BOF
AVEC DES TIGRES ! BON SANG... ÇA A UN PETIT GOÛT DE POULET, LE PAON, VOUS SAVIEZ ?
AH ?
LES TIGRES ADORENT ÇA !
LE LÉZARD À LANGUE BLEUE, ON EN PARLE ?
C'EST LA COULEUR, LE PROBLÈME ?
NON, C'EST QUE ÇA VIT EN AUSTRALIE !
L'IDÉE ÉTAIT PAS MAL... LANGUE BLEUE, ON FAIT CROIRE À LA NATURE QU'IL EST VENIMEUX... MAIS PAS DU TOUT !
DINGOS, FÉLINS, SERPENTS... ILS LE BOUFFENT TOUS !
C'EST VRAI QUE JE SUIS UN PEU NUL

MAIS DÈS QU'ELLES S'ACCOUPLENT, ÇA PART EN SUCETTE... LE MÂLE VA SE LAISSER MOURIR ET LA FEMELLE NE VA FAIRE QUE S'OCCUPER DE SES 50000 OEUFS JUSQU'À EN MOURIR !

LE BABIROUSSA MAINTENANT...
AH NON, LUI ON N'Y TOUCHE PAS, IL EST TROP MIGNON, NON ?
ON LUI A DONNÉ DES DÉFENSES DE MALADE
OUI, MAIS ELLES SONT COURBÉES ET POUSSENT JUSQU'À LUI PERCER LE CRÂNE...
AH OUI, ÇA, C'EST PEUT-ÊTRE PERFECTIBLE...
GROUI !
ON CONTINUE... LE KIWI, COMMENT VOUS EXPLIQUEZ QUE CET ANIMAL RÉUSSISSE À PONDRE DES ŒUFS DE CETTE TAILLE ?
HEIN, COMMENT ?
OUI, COMMENT ?
LA FEMELLE HYÈNE A UN PSEUDO-PÉNIS ET ACCOUCHE PAR LÀ !
VOUS IMAGINEZ, VOUS, ACCOUCHER PAR VOTRE PÉNIS ?
JE SUIS PAS PLOMBIER, MAIS ÇA PASSE PAS OUF !

ALORS ? J'ATTENDS VOS EXPLICATIONS... ON N'EST PAS LOIN DE LA FAUTE GRAVE !
MAIS CE SONT JUSTE DES... PETITES ERREURS !
ÇA VA QUAND MÊME...
DES « PETITES ERREURS » ?!

WAOUH, ÇA NE RIGOLE PAS AVEC ZEUS...
LE MOINDRE ÉCART ET T'ES RÉINCARNÉ EN FEMELLE KIWI ET HYÈNE...
EN PÉRIODE DE... GESTATION ?!

LES ANIMAUX INSOLENTS DE FRANCE

LA VIVE
PETIT INSOLENT
PETIT POISSON QUI SE CACHE DANS LE SABLE ET QUI EN UNE PIQÛRE VOUS BOUSILLERA VOTRE JOURNÉE PLAGE...
PAS MAL, AU SUIVANT !

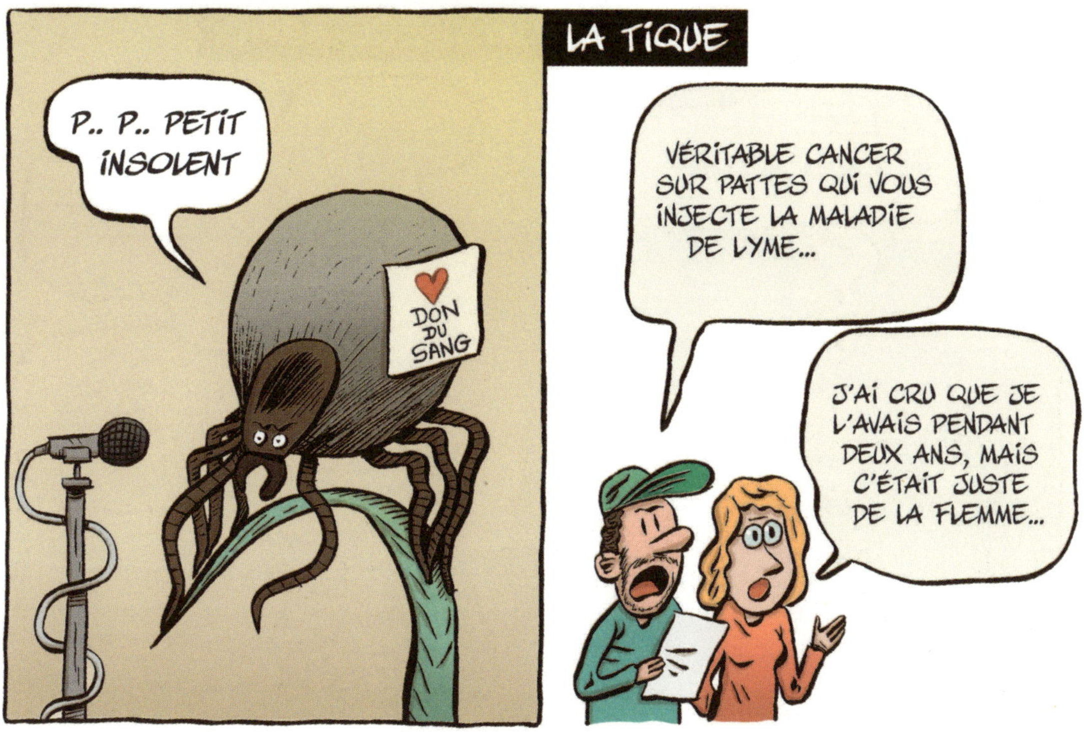
LA TIQUE
P.. P.. PETIT INSOLENT
DON DU SANG
VÉRITABLE CANCER SUR PATTES QUI VOUS INJECTE LA MALADIE DE LYME...
J'AI CRU QUE JE L'AVAIS PENDANT DEUX ANS, MAIS C'ÉTAIT JUSTE DE LA FLEMME...

LA VEUVE NOIRE EUROPÉENNE
PETIT PETIT INSOLENT
C'EST PAS CENSÉ VIVRE EN AUSTRALIE, CE TRUC ?
LA REINE DE LA MORT VIT AUSSI LE LONG DE LA FAÇADE ATLANTIQUE
SUIVANT !

LA VIPÈRE ASPIC
PETIT INSSSSSOLENT
CLASSIQUE...
VENIN MORTEL QUI DÉTRUIT LA PEAU, LES MUSCLES, LES TENDONS...
OUI MAIS GROS PROBLÈME DE ZOZOTEMENT...

LE SANGLIER
PETIT INSOLENT
GROUIK !
CE BULLDOZER ALLANT JUSQU'À 170 KG POUR 1,80 M, COMME MON BEAU-FRÈRE CHASSEUR...
IL RISQUE DE CASSER DE L'INSOLENT TOUS LES JOURS !

LE FRELON ASIATIQUE
PETIT INSOLENT
IL VEUT JUSTE PROTÉGER SA REINE EN ÉLIMINANT TOUS LES ÊTRES VIVANTS SUR SON TERRITOIRE
ON A NOTRE CHAMPION !
EUH, NOS CHAMPIONS !

↘ LES KOALAS des animaux pas très futés

L'inSolence des Singes

LE GORILLE

LES GORILLES SONT DES ÊTRES QUI SYMBOLISENT LE MOT « BALÈZE ». ALORS, QUAND ON EN CROISE UN, ON NE FRAPPE PAS SON TORSE POUR L'INTIMIDER...
AH OUAIS ? ET IL VA FAIRE QUOI ?
BOM
BOM
BOM
ON SE MET EN PLS DE SOUMIS JUSQU'À CE QUE LE GORILLE SOIT SÛR QUE VOUS ÊTES UNE PETITE CROTTE
JE SUIS TON ESCLAVE
MIKE TYSON AURAIT VOULU UN JOUR VENGER UN PETIT GORILLE QUI SE FAISAIT MALTRAITER PAR UN MÂLE ADULTE
LAISSEZ-MOI RENTRER, JE VAIS LE DÉFONCER !
MALGRÉ LES 10 000 $ QU'IL AVAIT PROPOSÉ, LES GARDIENS DU ZOO L'EMPÊCHÈRENT DE SE FAIRE DÉMOLIR PAR CES 130 KG DE MUSCLES !
LAISSEZ-MOI !
J'VAIS LE BOUFFER !
HI HI
FUUIII FUI

LES CHIMPANZÉS

& LES BONOBOS... plus proches cousins de l'être humain

L'ORANG-OUTAN

LE GELADA

LE GELADA VIT DANS LES HAUTES MONTAGNES D'ÉTHIOPIE... CE PRIMATE DE 20 KG A DÉLAISSÉ LES ARBRES POUR VIVRE DANS LES PRAIRIES
ÇA, C'EST DE LA BONNE HERBE
QUALITÉ GALACTIQUE
DEVENUS HERBIVORES PAR LA FORCE DES CHOSES, ILS GARDENT TOUT DE MÊME LEURS CANINES POUR LES COUPS DE PRESSION ENTRE GELADAS
C'EST MOI QUI AI LA PLUS GROSSE !
NON, C'EST MOI !
L'APPRENTISSAGE DU FIGHT SE FAIT TRÈS JEUNE, PENDANT PLUSIEURS JOURS, EN MODE MULTITARTAGE PAR LES ANCIENS
T'ES SÛR, T'EN VEUX ENCORE ?
ON REMET ÇA ?
JE SUIS CHAUD, T'INQUIÈTE !
LES GELADAS ONT UNE ESPÈCE DE FAUX COEUR BIEN VISIBLE QUI ROUGIT ET S'AFFIRME DE PLUS EN PLUS AVEC LE STATUT SOCIAL DE LA PERSONNE
IRON-MAN, TU CONNAIS ?
MOI, C'EST IRON-GELADA !

LE BABOUIN

RAPPELEZ-VOUS TOUJOURS QUE, DANS « ANIMAL SAUVAGE », IL Y A « SAUVAGE »

LES SINGES NE DÉROGENT PAS À CETTE RÈGLE !

↘ VRAI OU FAUX ?

A | LES TIGRES PEUVENT MOURIR DEBOUT

B | LES HIPPOPOTAMES SE FONT CACA LES UNS SUR LES AUTRES

C | LES ÉLÉPHANTS SONT DES ÊTRES ULTRA ZEN QUI NE S'ÉNERVENT JAMAIS

D | VIRGULE ANIMALE N'EST PAS UNE VRAIE PERSONNE, C'EST EN FAIT UNE I.A. QUI A PÉTÉ LES PLOMBS

RÉPONSE

A. VRAI

Les tigres peuvent mourir debout

En effet, les jambes des tigres sont tellement des monstres de puissance que les tigres gravement blessés peuvent se vider de leur sang et mourir tout en tenant debout sur leurs quatre pattes. Si ça, ça n'impose pas le respect !

B. VRAI

Les hippopotames sont sans complexe face à leurs déjections

Les mâles n'ont tellement aucune gêne qu'ils envoient leurs déjections façon hélicoptère sur les autres mâles pour impressionner les femelles. Le pire de tout ça, c'est que si une femelle est séduite, elle fera caca sur son prétendant pour lui prouver qu'elle est complètement sous son charme !

C. FAUX

Les éléphants sont tout sauf zen quand ils s'enflamment

Quand un éléphant mâle est en colère, c'est un peu comme un bulldozer hors de contrôle ! Quand il y en a un dans le coin, tout le monde le fuit, car un éléphant énervé peut charger à plus de 20 km/h, avec ses 3,50 mètres au garrot et ses cinq à six tonnes.

D. FAUX

C'est un reptilien de l'ordre du Soleil qui vient conquérir notre planète...

en nous abreuvant d'infos croustillantes... Noooon, c'est un ado qui vit encore chez sa mère et qui n'a pas débarrassé son petit déj' ce matin... Noooon, c'est un garçon élégant, la trentaine, qui gère son équipe avec bienveillance et qui emmène tout ce petit monde dans une aventure youtubesque !

LES PARESSEUX c'est trop des branleurs

CHAPITRE 2

ANIMAUX AQUATIQUES

2 | ANIMAUX AQUATIQUES

↘ POURQUOI LES DAUPHINS...

... sont encore en poster dans la chambre de nos enfants ?

DES SCIENTIFIQUES DE LA NASA RASSEMBLÈRENT DANS DES BASSINS DES DAUPHINS POUR DÉCRYPTER LEUR LANGAGE
PUiiiii PUiiiiiiiii...
QUOI ? TU VEUX CONQUÉRIR LA TERRE ET FAIRE DE NOUS TES ESCLAVES ?
MAIS LEURS ENVIES SEXUELLES ÉTAIENT TELLES QUE LES SCIENTIFIQUES ONT EU CETTE BRILLANTE IDÉE DE LES SOULAGER EUX-MÊMES... JE VOUS LAISSE IMAGINER !
ET DIRE QUE J'AI UN BAC + 17 POUR FAIRE ÇA !
SCHLAK
QUELQUE TEMPS PLUS TARD, LE CHEF DU LABO EST DANS UNE SOIRÉE OÙ LES GENS SE DÉTENDENT UN PEU TROP...
HEY, J'AI UNE IDÉE...
ET SI ON DONNAIT DU LSD AU DAUPHIN QUI EST HYPER TIMIDE ?
COOL !
GÉNIAL !
RÉSULTAT, LE DAUPHIN DEVINT BEAUCOUP PLUS SOCIABLE ET ILS PLANÈRENT PENDANT DES HEURES...
MÊME SI TU VEUX NOUS CONQUÉRIR, JE T'AIME, POTO DAUPHIN
PUUJI PUIII

↘ LES SUPER-POUVOIRS DES ANIMAUX ... DANS L'EAU

LE LÉZARD BASILISCUS

Le lézard *Basiliscus plumifrons*, aussi appelé lézard Jésus-Christ, est un énergumène qui fuit ses problèmes avec une nonchalance insupportable d'insolent...

Un jour, il a décidé qu'il en avait marre de se faire attraper par des serpents au venin assassin et a en conséquence acquis la formidable technique du «je file à l'anglaise», qui lui permet de littéralement courir sur l'eau. Classe !

LA MANTE DE MER

Les mantes de mer ne sont pas des crevettes comme les autres, mais bien une espèce à part entière qui a des capacités folles.
Elles sont séparées en deux catégories d'êtres violents : il y a celles qui boxent leur victime style «coup de pelle dans la tête d'un crabe», et celles qui préfèrent trancher des faibles au corps moins solide comme de petits poissons. Les pattes de ces mantes bougent à une vitesse monstrueusement rapide : 20 mètres par seconde, soit près de 90 km/h.

À une telle vitesse, les molécules d'eau elles-mêmes sont dégagées du passage formant une bulle de pression faible, qui, lorsque celle-ci se fait envahir par l'eau de pression immensément plus forte autour, cause une claque aussi puissante qu'audible qui met K-O et brise le corps de toutes les victimes.
L'énergie associée cause l'apparition microscopique d'une température de 5000° Kelvin, soit plus chaude que la surface du Soleil !

Au-delà de leur violence, elles disposent d'une paire d'yeux incroyables, capables de former trois images par œil de chaque objet regardé, contrairement à nous qui ne pouvons en former qu'une par œil. Les mantes disposent de douze cônes de couleur contre juste trois pour nous, rouge, vert et bleu.
Leur vision comprend l'ultraviolet et la lumière polarisée, spécificités que les scientifiques cherchent à reproduire en vue de détecter des cancers.

L'ANGUILLE ÉLECTRIQUE

Les anguilles électriques peuvent vous électrocuter quasiment à la même puissance qu'un tazer de policier, de quoi vous mettre en PLS inconsciente au pire endroit possible : dans l'eau.

Mesurant jusqu'à 2,5 mètres pour 20 kilos d'éclairs, ces serpents un peu chelous vivent en Amazonie et plus généralement en Amérique du Sud. Attention à vous si vous y allez faire les touristes, car un coup de courant électrique peut griller un alligator un peu trop curieux et certainement vous plonger en arrêt cardiaque...Et là, c'est la fin du voyage !

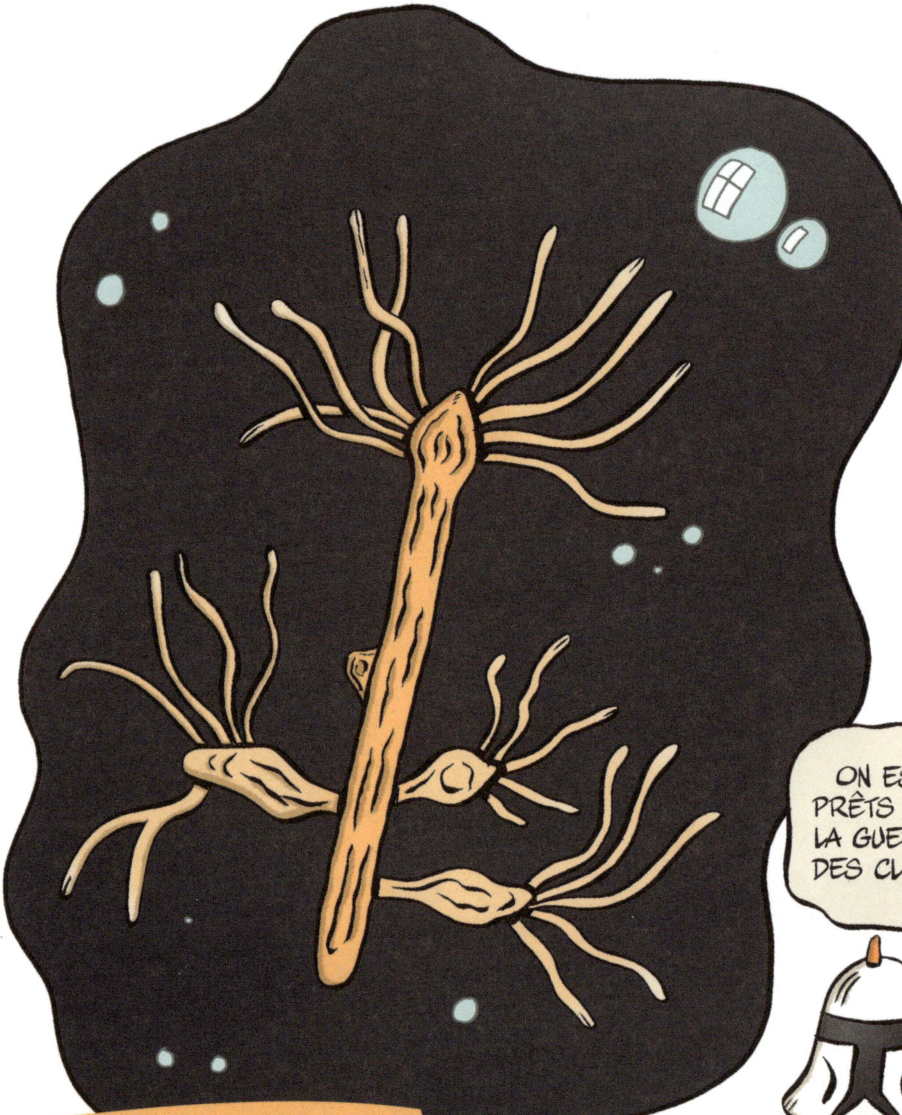

L'HYDRA VULGARIS

L'*Hydra vulgaris* est l'équivalent d'hydre, dont la tête repousse en double après être coupée.
Ces cousines des méduses vivent en eau douce, ont une tête pleine de tentacules et un orifice qui leur sert de bouche. Cet orifice est une déchirure dans leur propre corps, qui, une fois la proie avalée, va guérir et se refermer… Même chose pour l'évacuation des selles : une ouverture se forme pour se refermer toute seule après.

Une fois qu'elle a absorbé suffisamment de protéines, l'hydre va se reproduire… enfin, se cloner, un mini-elle se forme à son extrémité, se libère et va faire sa vie.
Ces microscopiques êtres immortels peuvent être coupés en deux et pourront guérir sans problème et former deux nouveaux individus parfaitement fonctionnels. Hallucinant !

L'ARAIGNÉE ARGYRONÈTE

L'insolence des araignées n'a pas de limite ! Celles-ci ont décidé d'aller voir qui elles pourraient embêter sous l'eau.

L'argyronète est la seule araignée véritablement aquatique du monde, qui, pour mener sa vie, se rue à la surface, sort son abdomen à l'air, et paf, elle crée une bulle d'oxygène qui va ensuite lui permettre de partir en plongée au calme.

Elle dispose des bulles d'air un peu partout autour de sa zone préférée, qui vont lui permettre d'y rester un max de temps pour se nourrir et s'y reposer. Bref, désolé pour tous les êtres aquatiques qui ont dû voir arriver un jour une araignée qui a permis à l'arachnophobie d'envahir également le petit monde des lacs et des étangs !

LE CRYPTOTORA THAMICOLA

C'est un poisson aveugle qui ne nage pas.
Il marche, il grimpe des parois de grotte en Thaïlande en se dandinant comme si le monde était zen.
Facile :-)

↘ ANIMAUX TERRIFIANTS DES OCÉANS

1RE BONNE RAISON : LE CALMAR À LONGS BRAS
PLOUB PLOUB
MAIS… DEPUIS QUAND TU AS UN MINI-SOUS-MARIN, TOI ?
CRÉATURES POUVANT MESURER JUSQU'À 6 M DE LONG, ET ADEPTES DU DÉCHIQUETAGE D'INSOLENTS AVEC SES BRAS DÉMONIAQUES
PLOUB PLOUB BLL
METS ÇA…
UN CASQUE ANTIBRUIT ?
ANTIBRUIT DE CACHALOT, OUI !
LE SEUL ANIMAL DONT LES MÂLES RÉSISTENT AUX ORQUES.
CAPABLE DE PRODUIRE 230 DB DE PATATE SONORE
140 DB, C'EST UN AVION DE CHASSE AU DÉCOLLAGE
125 DB, DES SÉQUELLES IRRÉVERSIBLES POUR LE TYMPAN

RAISON N°3 : LES AIGUILLES DE MER D'INDONÉSIE
JE... JE VAIS RESTER ICI, MOI
NI VENIMEUSES, NI EMPOISONNÉES, CES PETITES FUSÉES SE PROPULSENT HORS DE L'EAU AVEC LEUR BOUILLE EN FORME DE HARPON POUR VOUS DÉCHIQUETER LE VISAGE
ON PEUT Y ALLER?
OK
PING
PING
VOUUUTCH
VOUUUTCH
ENFIN UN ANIMAL INOFFENSIF, UNE RAIE, C'EST MIGNON...
TU RIGOLES... LES RAIES PASTENAGUE, C'EST LA RAISON N°4 DE NE PAS ME BAIGNER
STEVE IRWIN, LE PLUS GRAND ANIMATEUR NATURALISTE, EST MORT EN 2006 APRÈS AVOIR ÉTÉ SAUVAGEMENT POIGNARDÉ PAR LE DARD VENIMEUX D'UNE RAIE
ÇA VA, STEVE ?

MAIS L'OCÉAN, CE N'EST PAS QUE VIOLENCE, C'EST AUSSI...
LES JOLIES PIEUVRES ?
OUI, PAR EXEMPLE...
LES JOLIS ESCARGOTS ?
EUH... OUI !
PLOUB PLOUB
MUUUUUUUUT, MAUVAISE RÉPONSE !
ON COMMENCE AVEC LA PIEUVRE À ANNEAUX BLEUS
L'UNE DES CRÉATURES LES PLUS DANGEREUSES DES OCÉANS ET DÉFINITIVEMENT MA RAISON N°5
MAIS ELLE EST TOUTE PETITE...
5 CM DE LONG AVEC UN VENIN CAPABLE DE TERRASSER 26 HUMAINS EN UNE SEULE MORSURE
ÇA DONNE ENVIE DE SE BAIGNER, HEIN ?
HEY !

blp blp
L'ESCARGOT CONIQUE EST CAPABLE DE FRAPPER À PLUS DE 90 KM/H ET VOUS INJECTE SON VENIN, VOUS PLONGEANT EN INSUFFISANCE RESPIRATOIRE
AAH !
VOUUUTCHHH!!!
JE... JE... CROIS... QUE J'AI ÉTÉ TOUCHÉE. JE RESPIRE MAL...
RENTRONS !
CHERCHE PAS L'ANTIDOTE, IL N'Y EN A PAS
TU SAIS QUOI, KEVIN ?
L'ANNÉE PROCHAINE, ON IRA À LA MONTAGNE...
SI TU VEUX

↘ LE LÉOPARD DES MERS

Quelques chiffres :

- 3 mètres de long
- 350 kg
- 37 km/h à la nage, soit 4 fois plus vite qu'un nageur olympique

Ses victimes :

Du krill, des otaries, des phoques, des oiseaux et même de jeunes éléphants de mer, avec une nette préférence pour les pauvres manchots.
Des scientifiques ont déjà observé 4 léopards de mer tuer 15 000 manchots en moins de 4 mois, soit 35 meurtres de manchots par léopard de mer, tous les jours !
Comme les orques, ils tuent aussi par plaisir, sans manger leur proie ensuite, de vrais serial killers.

Technique n°1 :

Il adore particulièrement attendre qu'il y ait un manchot qui plonge dans l'eau, puis il l'attrape et le secoue si violemment que la peau du manchot éclate, avant d'en finir en dévorant ses entrailles maintenant sorties de son corps. Solution brutale mais nécessaire, car ses dents ne sont pas faites pour couper des morceaux...

Il dispose d'une accélération si puissante et silencieuse qu'il lui suffit d'une seconde pour faire passer un phoque de vie à trépas !

Technique n°2 :

Ils vont jusqu'à sauter hors de l'eau pour attraper un manchot ou un phoque qui se prélassait sur la glace, voire ils vont carrément aller sous la glace, en étant complétement invisibles, et vont l'exploser d'un violent coup de tête.

Quant aux humains, il est arrivé à plusieurs reprises que des photographes ou scientifiques qui s'approchaient de trop près en croyant qu'un léopard de mer, ça ressemble à un mignon petit phoque, aient amèrement regretté leur décision, car certains se sont fait croquer la jambe et d'autres attraper et noyer en étant emmenés dans les profondeurs.

Même sur un bateau, vous pourriez avoir affaire à lui, car il est capable d'attaquer un zodiac pour mettre ses passagers à l'eau et s'en occuper. Terrifiant !

↘ SAUVEZ-VOUS, VOICI…

C'EST EN DÉCOUVRANT LEURS TECHNIQUES DE CHASSE QUE L'ON COMPREND L'INNOVATION DONT FONT PREUVE LES ORQUES
LA VAGUE
1 DEUX ORQUES FONCENT SUR UN PHOQUE PEINARD SUR SON MORCEAU DE BANQUISE
2 ELLES CRÉENT UNE VAGUE QUI SUBMERGE LE BLOC DE GLACE ET FAIT CHAVIRER L'ANIMAL
HEY !
ZZZVV
ZZZVV
3 ELLES N'ONT PLUS QU'À RÉSILIER L'ABONNEMENT À LA VIE DU PHOQUE

DEUXIÈME TECHNIQUE DE CHASSE NÉCESSITANT UN ENTRAÎNEMENT, TOUTES LES ORQUES N'Y ARRIVENT PAS ET CERTAINES ABANDONNENT
L'ATTAQUE SUR LA PLAGE
L'ORQUE ATTEND LA MARÉE HAUTE POUR SE JETER SUR LA PLAGE ET DÉMONTER LES LIONS DE MER SE CROYANT EN SÉCURITÉ
VOUCH !!!!
MIAM !
AAAH !
1 POUR ÇA ELLE VA S'ENTRAÎNER, D'ABORD TOUTE SEULE
2 DE PLUS EN PLUS LOIN, TEL UN VÉRITABLE KAMIKAZE
ROUL ROUL RLL
BANZAÏ !
AH !

BIZARRERIE GUSTATIVE (MAIS QUI SOMMES-NOUS POUR JUGER...), LES ORQUES ADORENT MANGER LA LANGUE DES BALEINES, ADULTES ET JEUNES
AVEC DE LA MAYO, TOUT PASSE
OU, POUR DES RAISONS QUI NE NOUS REGARDENT PAS, LES ORQUES ADORENT MANGER LE FOIE DES GRANDS REQUINS BLANCS
THE KING
LE CERVEAU DE L'ORQUE EST L'UN DES PLUS COMPLEXES AU MONDE, IL SEMBLE AVOIR DE L'INTELLIGENCE ÉMOTIONNELLE, DE L'EMPATHIE...
NOOOOON
CR CR CR CR.. CR
JE TE QUITTE EDUARDO
ET PEUT MONTRER DES SIGNES DE PROFONDE DÉPRESSION QUAND, PAR EXEMPLE, UNE MÈRE PERD SON PETIT
BON COURAGE !
ON EST LÀ POUR TOI !

CHAPITRE 3

ANIMAUX DES AIRS

3 ANIMAUX DES AIRS

↘ LES CORBEAUX sont les pires imitateurs du ciel

Ces oiseaux diaboliquement intelligents adorent taquiner le monde, en faisant des blagues à tous les animaux qu'ils croisent.

Les corbeaux adorent imiter des voix humaines et d'autres sons de notre quotidien, comme des alarmes.

Un soigneur animalier nous raconte qu'un corbeau avait l'habitude d'imiter le bruit qu'il faisait lorsqu'il appelait ses poules pour venir manger.

Résultat ? Dès que le corbeau s'ennuyait, il imitait le cri d'appel du soigneur, les poules arrivaient alors en courant, pour rien.

Dégoutées, elles repartaient, et il recommençait à plusieurs reprises, juste pour le plaisir de les voir tomber dans le panneau à chaque fois.

Les Oiseaux

LES PÉLICANS

Les pélicans avalent tout ce qui passe : tortues, crabes, lézards petits et grands, et même tout simplement d'autres oiseaux... ils sont sans pitié ! S'ils pensent qu'un animal en face d'eux est comestible, ils vont direct chercher à le gober.

Souvenez-vous que les pélicans n'ont pas de dents, du coup, une fois dans la gorge du pélican, ce pigeon va tout simplement arriver dans l'estomac bien vivant et se faire transformer en soupe par l'acide gastrique de cet oiseau du diable.

Outre les pigeons, tout type d'oiseau y passe, des mouettes, des manchots, des canards et même de gros mammifères comme des capybaras.
Et ça ne s'arrête évidemment pas là. Les pélicans attendent que des parents « fous du Cap » aillent pêcher du poisson pour se lancer à l'assaut sur la plage et manger un maximum de leurs petits sans défense. Cela concerne également leurs propres petits, qui, s'ils sont faibles, se feront harceler et même tuer par leurs frères et sœurs sous le regard des parents, ceux-ci allant même jusqu'à les dévorer en cas de petit creux...

L'AIGLE ROYAL

Tout est royal chez cet aigle qui s'attaque à de bien plus gros animaux que lui.

Vous voyez ces chèvres incroyables qui se jouent de la gravité en se permettant des dingueries d'escalade comme s'il n'y avait pas un vide mortel juste en dessous d'elles...? Qui les attend à la moindre erreur ?
Notre aigle royal ici présent adore manger ces chèvres de montagne, il va foncer sur la chèvre, l'attraper avec ses serres avant de la précipiter dans le vide... Reste juste à se régaler sur les rochers en contrebas.

Les aigles royaux, bien que costauds, n'ont pas mis beaucoup de points bonus dans leur défense, car leurs os sont assez fragiles, les rendant inaptes au combat. Mais ils s'attaquent quand même à des loups en s'accrochant à leur arrière-train pour qu'ils se fatiguent et se vident de leur sang.

Et lorsqu'il s'agit d'une tortue, rien de plus simple pour l'aigle, il attrape la tortue, l'envoie à 50 mètres dans les airs et la lâche façon attaque Frappe-Atlas de Dracaufeu pour que la tortue s'éclate au sol afin de briser sa carapace. Aucune chance de survie pour la tortue, qui repartira pour un tour en l'air et chute violente au sol jusqu'à ce qu'il ne reste que de la chair à manger. Radical.

LES GOÉLANDS

Passons maintenant aux goélands, qui adorent maltraiter de pauvres bébés phoques en leur crevant les yeux avant de les manger. Ces assoiffés de sang, qui ne connaissent que la violence, s'en prennent aux rongeurs, lapins et agneaux qui ont l'air un peu faibles et malades et à certaines espèces de chiens, comme les chihuahuas à leurs heures perdues.

Que fait le goéland lorsqu'il voit des oiseaux qui viennent de manger un bon petit repas ? Il les attaque en plein vol en les rouant de coups de pattes à répétition dans la tête jusqu'à ce que les oiseaux n'aient d'autre choix que de vomir tout leur repas fraîchement mangé. Vous l'aurez compris, le goéland va immédiatement aller se servir et manger le vomi plein de protéines.

Les goélands sont cannibales et mangeront sans problème des bébés goélands s'ils en ont l'opportunité et ce même s'ils sont déjà morts, car manger des cadavres, y compris leurs propres bébés morts, n'est rien de plus qu'un repas comme les autres.

Et bien que nous, humains, soyons un peu trop gros pour être dévorés, certains savent que sur les plages les goélands règnent en maîtres et n'hésiteront pas à vous arracher les doigts s'ils peuvent au passage vous piquer votre sandwich qui a l'air on ne peut plus délicieux !

LE PÉTREL GÉANT

Le pétrel géant, c'est l'ange de la mort volant. Il se nourrit principalement de cadavres, qu'ils soient tout frais ou non, du moment qu'il engloutisse quelque chose.
Peu importe le niveau de putréfaction de la chair, le pétrel géant va foncer dessus et la savourer comme si c'était la proie la plus délicieuse qu'il ait jamais mangée.
Côté animaux vivants, les pétrels adorent tyranniser les manchots en guettant qu'un petit soit seul pour l'attraper et l'emmener un peu plus loin pour le dévorer vivant... sans que ses parents lèvent le petit doigt !

S'ils ne touchent pas aux adultes en bonne santé, il suffit que l'un d'eux montre le moindre signe de faiblesse et il se fera picorer vivant jusqu'à la mort. Avec la dose de gras du manchot, cela peut durer des heures.

Les pétrels s'attaquent aussi à d'autres oiseaux, comme les albatros majestueux, qu'ils tuent en poussant leur tête sous l'eau, jusqu'à ce qu'ils se noient, avant de ne faire qu'une bouchée de leurs entrailles.
Rappelons qu'un pétrel géant a une envergure de plus de 2 mètres !

LA PIE-GRIÈCHE ÉCORCHEUR

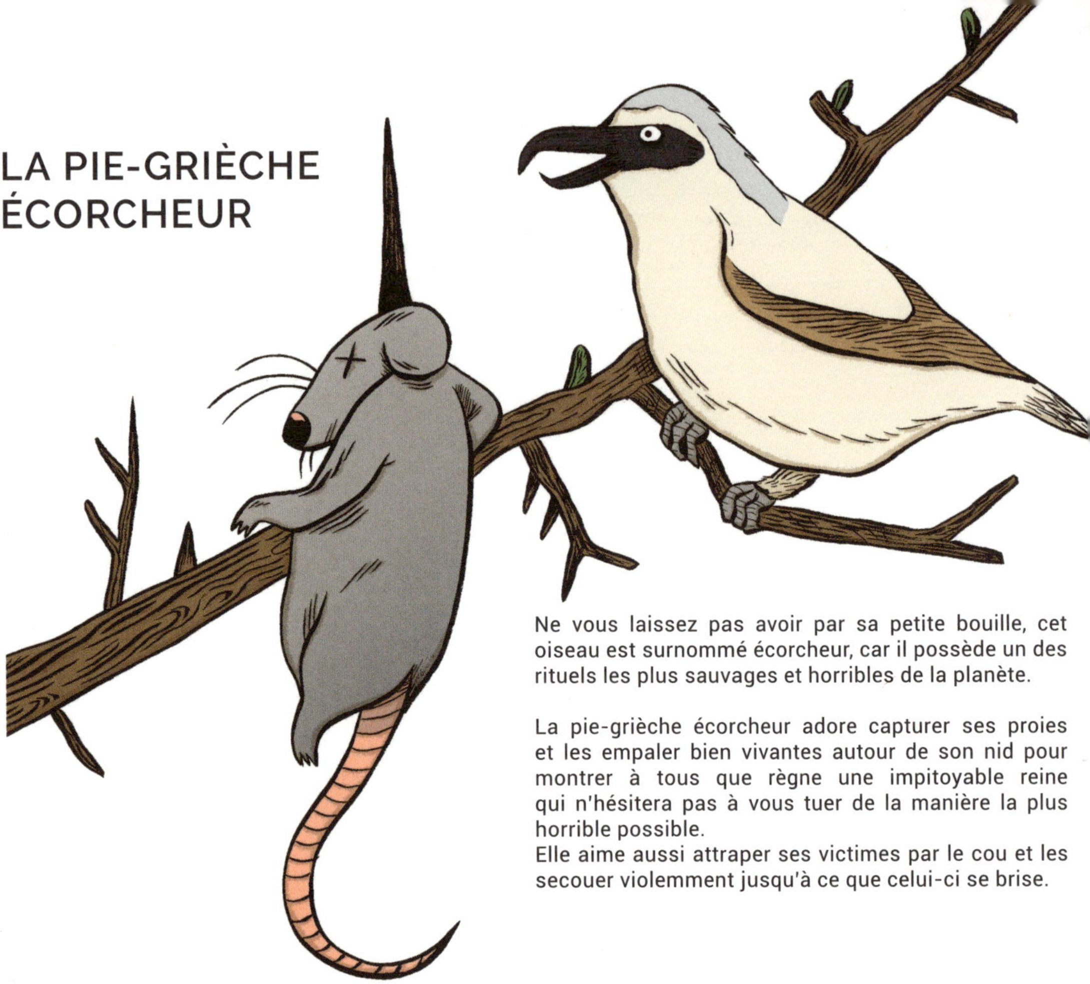

Ne vous laissez pas avoir par sa petite bouille, cet oiseau est surnommé écorcheur, car il possède un des rituels les plus sauvages et horribles de la planète.

La pie-grièche écorcheur adore capturer ses proies et les empaler bien vivantes autour de son nid pour montrer à tous que règne une impitoyable reine qui n'hésitera pas à vous tuer de la manière la plus horrible possible.
Elle aime aussi attraper ses victimes par le cou et les secouer violemment jusqu'à ce que celui-ci se brise.

Imaginez : on vous donne un bébé et on vous dit que si vous ne vous en occupez pas, vous allez vous faire tabasser jusqu'à obéir...
Vous êtes alors la victime d'un coucou gris qui est une des plus grandes esclavagistes du monde animal, car, dès qu'une maman coucou pond un œuf, elle va direct chercher un autre oiseau qui a un nid et y met son œuf dedans pour que l'autre oiseau s'en occupe.
Pour ne pas se faire griller, elle va sans pitié jeter un œuf déjà présent pour qu'il s'écrase au sol, afin que l'autre oiseau ait bien le bon nombre d'œufs.
Et la plaisanterie ne fait que commencer...
Une fois que bébé coucou a éclos, il va, par instinct, jeter par-dessus bord tous les autres œufs du nid pour être le seul et unique petit à se faire nourrir par sa belle-mère forcée.

Et c'est d'autant plus une souffrance que le petit coucou grandit et devient plus grand que l'oiseau qui le nourrit... Imaginez comme c'est épuisant de nourrir un bébé qui mange plus que vous !

Le pire : la mère coucou gris surveille le développement de son petit, et si l'autre oiseau ne s'en occupe pas, elle va appeler ses potes coucous gris en renfort et violenter l'oiseau jusqu'à le forcer à continuer de nourrir son bébé.

LE COUCOU GRIS

LES PIES AUSTRALIENNES

En Australie, territoire du diable, vit une variété de pies qui mettent la misère à tout le monde et n'ont aucunement honte de leurs actes de sauvagerie !
Depuis le plus jeune âge, les enfants qui vont à l'école à vélo savent qu'ils doivent parfois baisser la tête et prier pour ne pas se faire attaquer par des pies ultra-territoriales. Elles sont connues pour attaquer et crever les yeux si elles en ont l'opportunité.

Bref, il faut donc porter des casques protecteurs avec des piques, car c'est la seule manière de ne pas se faire braquer par une pie qui a envie de vous casser la figure !
Les pies savent même faire des bruits de sirène, et c'est sûrement pour appeler une ambulance pour venir vous chercher en PLS une fois qu'elles en auront fini avec vous :-)

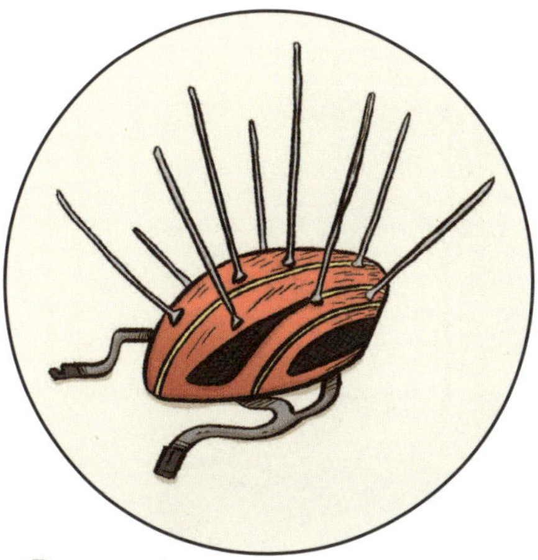

LES MANCHOTS

On finit avec les manchots, qui, loin d'être mignons, sont au contraire des représentants exemplaires de la sauvagerie et de la perversité.

Les mâles forment des gangs et se battent avec d'autres mâles par plaisir, chopent et harcèlent sexuellement des femelles sans défense ou même des cadavres.
Dites-vous que beaucoup de bébés manchots meurent avant l'âge adulte à cause de leurs congénères.

Sans parler des femelles, qui, si leur bébé meurt, vont de ce pas kidnapper un autre petit afin de satisfaire leur instinct maternel. Le problème : cet instinct s'évapore et elles abandonnent très vite le bébé qu'elles ont kidnappé, qui a ensuite toutes les chances de mourir de froid ou de faim.

DU RAT, DU CHAT, DE L'ÉLÉPHANT !
CHEZ NOUS, IL Y EN A POUR TOUS LES GOÛTS !
- FOOD TRUCK -
L'AILE OU LA CUISSE

LES POULES vont toutes nous démolir

↘ LE CASOAR

BOM
BOM
C'EST QUOI, CE BRUIT ?
DE L'ORAGE ?
CASOAR PARK
BOM
BOM
EUUUUH...
J'AI UN MAUVAIS PRESSENTIMENT...
UN CASOAR ?!
AAAARRRHHH
RRHHH
UN QUOI ?
VUUUU
LE CASOAR EST UN VÉLOCIRAPTOR BIEN VIVANT QUI RÔDE SUR L'ÎLE DES DÉMONS...
L'AUSTRALIE !
IL A DÛ S'ÉCHAPPER DE SON ENCLOS
CASOAR PARK

MAIS SA CARACTÉRISTIQUE LA PLUS IMPRESSIONNANTE, CE SONT SES GRIFFES ACÉRÉES DE... **12 CM DE LONG !**

ON N'A QU'À LUI JETER UNE CÔTE DE BOEUF !
C'EST MORT, CE SONT DES HERBIVORES
ET PLUS TU LE NOURRIS, PLUS IL VA EN REDEMANDER... DIRE NON À UN CASOAR EST UN CRIME ABSOLU QUI MÉRITE LA PEINE DE MORT !
ON POURRAIT FAIRE LE MORT ?
ON NE SE MOQUE PAS DE LEUR INTELLIGENCE
CLAC CLAC
VUUUUUUUUUUUU
OH, REGARDE ON EST SAUVÉS, C'EST CERTAINEMENT UN DE SES PETITS...
MAMAN ?
AAAAAH
BAF
ZUUUUUUU

CE SONT LES MÂLES QUI S'OCCUPENT DES PETITS
LES FEMELLES, ELLES, SONT SANS PITIÉ ET C'EST UNE FEMELLE
J'AVAIS COMPRIS
NON, LA SEULE SOLUTION, C'EST...
DE DÉFONCER UN PORC FÉRAL
GROUiiiiK
AAAAAAA
LES CASOARS SONT MENACÉS PAR CES BESTIOLES QUI MANGENT LEURS ŒUFS, IL DEVRAIT ÊTRE RECONNAISSANT ET NOUS LAISSER TRANQUILLES...
ÇA DOIT ÊTRE ÇA, #BALANCETONPORC VERSION CASOAR...

↘ QUIZ : QUI SUIS-JE ?

JE SUIS UN DES SEULS ANIMAUX QUI, COMME NOUS LES HUMAINS, RECONNAISSENT LEUR IMAGE DANS UN MIROIR...

JE SUIS CAPABLE DE RECONNAÎTRE LES 26 LETTRES DE L'ALPHABET, DES HUMAINS ET DES ŒUVRES D'ART...

JE SUIS MÊME CAPABLE DE DÉTECTER DES CANCERS SUR DES RADIOS, FAIT PROUVÉ EN 2015...

JE SUIS AUSSI CAPABLE DE TE DÉFÉQUER DESSUS, SUR TES MONUMENTS ET SUR TA BELLE VOITURE, QUI SUIS-JE ?

RÉPONSE

Je suis le cauchemar des villes,

JE SUIS LE PIGEON !

↘ LE BEC-EN-SABOT DU NIL

Quelques chiffres :

Ces oiseaux, dont le cri atypique évoque des tirs d'armes de guerre, font 1,50 mètre de haut pour 2,60 mètres d'envergure et ont le bec aussi tranchant que des lames de rasoir afin de décapiter leurs victimes. La pointe de leur bec a la forme d'un poignard pour planter sauvagement et à répétition celui dont le cœur va très vite s'arrêter de battre...

Ses proies :

Avec son drôle de nom, le bec-en-sabot du Nil est un dinosaure stylé bien vivant qui n'a pas peur des crocodiles. Ces terreurs mangent des poissons, mais aussi des serpents et de jeunes crocodiles pour rester les caïds de leur territoire. Ils sont d'ailleurs très agressifs avec les intrus et vont attaquer quiconque s'approche de trop près, qu'il soit un congénaire ou un prédateur, comme un crocodile adulte.

Vivant en Afrique centrale dans le même secteur que les terribles hippopotames, les becs-en-sabot font partie de leur liste d'amis. Ceux-ci vont rester proches d'eux pour pouvoir attraper poissons et crocodiles fuyant les mastondontes hippos.

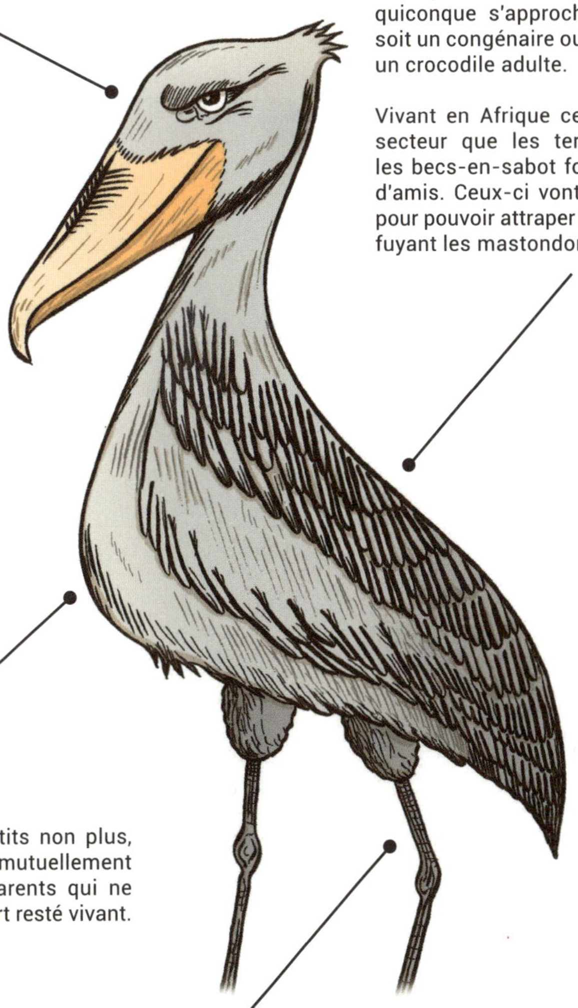

Sa progéniture :

Pas de pitié pour leurs petits non plus, leurs oisillons se tuent mutuellement sous le regard de leurs parents qui ne s'occuperont que du plus fort resté vivant. Cruel !

Infos bonus :

Détail physiologique, le regard de killer avec ses yeux en face et pas sur les côtés, comme les autres oiseaux.

Avec eux, le respect est bien présent : si vous les saluez, ils vous salueront en retour, certainement, car ils apprécient que les humains soient des machines à tuer tout comme eux :-)

CHAPITRE 4

PETITS MAIS COSTAUDS

4 | PETITS MAIS COSTAUDS

↘ LES PIRES PIQÛRES

GUÊPE BOURREAU

Elles sont appelées ainsi, car leurs piqûres provoquent des douleurs si pénibles que seule la mort semble venir apaiser la souffrance.

Venues tout droit des forêts sacrées du Costa Rica, en plus de leur dard venimeux, elles disposent de mandibules capables de décapiter leurs proies. Leurs favorites ? Les chenilles, dont elles ramènent le corps sans vie dans la ruche pour le festin sanglant de leurs petits à nourrir.

SCOLOPENDRE GÉANTE

Depuis des millions d'années, celles qui sont surnommées les guépards du désert pour leur rapidité injectent un venin survitaminé qui brûle chaque cellule sur son passage.
Ce monstre de 25 à 30 cm aux pattes jaunâtres provoque des douleurs insoutenables qui peuvent être fatales pour des enfants ou des adultes fragilisés.

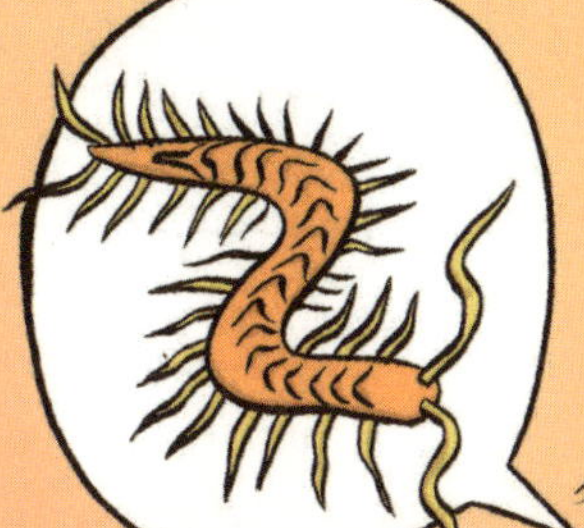

MONSTRE DE GILA

Un autre habitant du désert et un des rares lézards venimeux du monde. 60 cm de long et une morsure au venin hautement toxique qui vous brûlera et envahira tout votre corps. N'espérez pas un antivenin, il n'y en a pas, tout ce que vous pouvez faire, c'est attendre que la douleur s'arrête et prier pour ne pas faire un choc anaphylactique qui vous causerait un arrêt cardiaque...

FOURMIS BALLE DE FUSIL

Très connues en Amérique centrale et du Sud, ces fourmis de 18 à 30 mm sont craintes et respectées. La douleur de leur piqûre est semblable à celle d'un coup de feu, un mélange d'acide et d'eau bouillante au ressenti.
Pas d'antidouleur, il faut attendre, parfois jusqu'à 24 h, en fonction de l'emplacement de la piqûre, l'intensité de la douleur redescendant progressivement.

BON BAH, ON SAIT TOUJOURS PAS QUI EST VIRGULE ANIMALE...
ET POUR INFO, VOUS LÀ... VOUS AVEZ UNE BESTIOLE PRÉFÉRÉE DANS TOUT ÇA ?
C'EST POUR MES STATS
J'AI BIEN AIMÉ LA SCOLOPENDRE
BAH, PAS MOiiiiii !!!

↘ LES CASTORS

Anecdote 1, bilan, 1 blessé :

Un homme nageant dans un étang de l'Ohio aux États-Unis a fait les frais d'un castor enragé qui a décidé de l'attaquer. Énormes plaies ouvertes, peau déchiquetée sur un bras et une jambe, entorse d'un doigt, phalange fracturée. Pris dans ce guet-apens, notre ami a dû se battre de toutes ses forces pour ne pas se vider de son sang et se noyer.

Anecdote 2, bilan, 1 mort :

En 2013, un pêcheur biélorusse de 60 ans était en sortie avec des amis au lac Shestakov quand il a vu ce qu'il pensait être un mignon petit castor. Voulant le prendre en photo, il a essayé de ramener le castor vers lui, mais là le rongeur lui a fait comprendre la définition du mot « sauvage » dans « animal sauvage », et s'est jeté sur lui sans pitié en lui lacérant la hanche et par la même occasion une artère vitale.
Ses amis ont eu beau essayer d'arrêter l'hémorragie, rien n'y a fait, il a rejoint ses ancêtres au cimetière.

Quelques chiffres :

Les castors peuvent vous poursuivre sur terre à plus de 6 km/h, ça paraît lent, tellement lent que seuls des enfants, des seniors ou des gens blessés se feraient rattraper. Mais voilà le problème, dans l'eau, le castor peut nager à près de 10 km/h, soit plus vite qu'un nageur olympique.

Ses outils :

- Des griffes puissantes pour creuser des tunnels
- Des dents faites pour tailler des arbres
- Un côté hyper territorial et protecteur

Anecdote 3, scout un jour, scout toujours :

En 2012, un groupe de scouts parcourait la nature dans l'État de New York quand l'un des chefs, qui nageait dans la rivière, a senti quelque chose s'approcher sous l'eau. Il pensait alors que c'était une carpe, mais c'était un castor de 20 kg. Puni pour avoir franchi le territoire du castor, le chef s'est fait mordre six fois dans l'eau et a alors dû commencer son combat pour sa survie. Il a réussi à attraper le castor par la mâchoire et à le ramener sur la terre ferme.

Face au groupe de scouts, le castor chargeait sans cesse avec envie d'en découdre. Sans possibilité de fuir, car le leader blessé était au sol ensanglanté et épuisé, le groupe n'a eu d'autre choix que de lancer de grosses pierres pour se défendre jusqu'à la mort de l'animal. Quant au leader blessé, il a dû être traité en urgence pour de multiples plaies ouvertes et a reçu plus de 20 vaccins contre la rage, maladie dont sont porteurs les castors.

↘ LES ANIMAUX LES PLUS INVASIFS

LE RAT

Animaux horribles et répugnants pour certains, doux et mignons pour d'autres, les rats sont des animaux très intelligents, mais, il faut le dire, extrêmement invasifs.

Ceux-ci sont des prédateurs hors pair qui exterminent sans la moindre pitié tout ce qu'ils trouvent. Forcément, ça fait des dégâts. Vous pensez que les humains sont les seuls responsables de l'extinction de certaines espèces ? Faux !
Les rats sont à eux seuls directement responsables de l'extinction en cours de 50% des oiseaux marins et de reptiles sur des îles envahies par ces démons qui dévorent leurs œufs.

Un rat mange chaque jour 8 à 10 % de sa masse. Matière végétale, grains, petits animaux... Chaque jour, ce rongeur ingurgite environ 50 g d'aliments. Pas rien quand ils sont des milliers d'individus !

En janvier 2015, une équipe de scientifiques en a eu assez du massacre par les rats de 95% de la population d'oiseaux sur l'île de la Géorgie du Sud, au large de l'Argentine et de l'Antarctique. Les rats mangeaient leurs œufs et leurs petits.
Les scientifiques ont envoyé une équipe de dératiseurs internationale qui a répandu par hélicoptère plus de 100 tonnes de produits anti-rats sur l'île, ce qui semble avoir fonctionné puisque aucun rat n'a été observé depuis.
Pour la note, les rats avaient été ramenés accidentellement sur l'île par des navires anglais au XVIIIe siècle.

En plus d'être voraces, les rats ont compris que, pour conquérir un territoire, il faut y aller en mode « invasion ». Chaque année, une femelle peut avoir jusqu'à 7 à 12 portées, comprenant 10 individus à chaque fois. Cela peut donc faire environ 120 bébés par an, soit 1 000 à 2 500 bébés au cours d'une vie. Vertigineux !

LA MANGOUSTE DE JAVA

Je vous présente une tête toute mignonne qui ferait presque oublier qu'elle a les mains tachées de sang. Cette petite boule de poils est une tueuse sans pitié. Originaire de l'est de l'Irak, de l'Iran, de l'Afghanistan, du nord de l'Inde et de l'Asie du Sud-Est, la mangouste de Java a bien caché son jeu.

Au départ, les populations locales l'adoraient. Elle tuait les serpents, les rats et d'autres petits nuisibles. Du coup, des expatriés passant par là se sont dit : « Pourquoi ne pas en ramener chez nous pour qu'elles nous débarrassent des nuisibles ? » Mauvaise idée.

En Guadeloupe, des mangoustes ont été ramenées pour exterminer les rats. Sauf que le rat vit de nuit et la mangouste vit de jour. Vous comprenez déjà le premier problème ? Rats et mangoustes ne se sont pas croisés, mais pire que ça encore, les mangoustes par contre adorent les serpents, qui étaient sur l'île le plus dangereux prédateur des rats. Mangoustes 1, serpents 0.

Pour la petite histoire, il n'a été ramené que quelques mangoustes femelles juste pour faire un essai. Sauf que ces femelles étaient toutes enceintes. Elles ont donc eu des portées qui ont décimé les serpents et les œufs d'oiseaux, des espèces désormais en voie d'extinction en Guadeloupe.
Elle a notamment fait disparaître sur l'île le lézard *Ameiva cinera*. Et si elle n'avait pas été arrêtée par les scientifiques, elle aurait rayé *Liophis julia* et *Alsophis antillensis*, deux espèces de couleuvres, de la carte du monde.

Autres victimes collatérales, les poules, canards et autres volailles. Résultat : fin des importations de mangoustes.

LE CRAPAUD-BUFFLE

Petit gabarit : 13 cm et 1,5 kg, mais c'est un des plus grands dangers de la planète, je vous explique !

Le crapaud-buffle sue un poison si irritant qu'il donne envie de s'arracher la peau. Ce bulldozer ne pense qu'à manger et, sur son menu, tout ce qui entre dans sa grande bouche : insectes, vers de terre, petits mammifères et même des oiseaux !

Originaire d'Amérique du Sud, il extermine tout seul des espèces entières où il a été introduit, à Taïwan, en Australie et dans bien d'autres parties du monde. Sans moyen de défense face à ce nouveau prédateur, les animaux se heurtent aussi à un problème de taille : les crapauds-buffles se reproduisent encore plus vite et en plus grand nombre que les rats. Entre avril et mai, les couples de crapauds-buffles s'accouplent et la femelle peut pondre jusqu'à 30 000 œufs.

30 000 futures créatures assoiffées d'hémoglobine qui se mettront immédiatement à balayer de la surface de la planète tout être vivant qui se tient sur leur route.

Il victimise aussi des insectes pollinisateurs, ce qui, par effet de chaîne, freine la reproduction des plantes.

Anecdote : en Australie, les crapauds ont été introduits pour détruire les scarabées... qu'ils ont délaissés pour plutôt pourrir la vie des autres espèces sans défense. Par conséquent, non seulement il y a toujours autant de scarabées qui dévastent les cultures des agriculteurs, mais en plus l'Australie est maintenant envahie de millions de crapauds-buffles.

Récemment aperçu à Taïwan, la population paniquée à l'idée de se faire envahir par ces crapauds a organisé une battue et en a attrapé 200. Mais, avec des milliers d'œufs pondus par an par femelle, c'est un combat perdu d'avance.

LA CARPE COMMUNE

Voilà une autre armée de gloutons qui gobent tout ce qui bouge. La carpe commune, c'est à la fois un des poissons les plus mangés dans les restaurants, et à la fois une boucherie à écailles qui déchiquette les écosystèmes marins en détruisant la faune et la flore.

Aujourd'hui, rien qu'en France, les régions de Sologne, Limousin, Brenne et Dombes produisent entre 4 000 et 5 000 tonnes de carpes par an.

Le hic, c'est que, malgré son regard vide, la carpe est un poisson qui déteste la concurrence au point de l'exterminer sans regret ni remords. Mettez une carpe quelque part, elle va immédiatement dévorer les petits invertébrés qui y nagent, les autres poissons et même des plantes importantes dans nos lacs. L'eau belle et transparente devient moisie, croupie, pas très ragoûtante...

Comme tous les prédateurs qui ont l'invasion dans le sang, la carpe commune se reproduit rapidement. En moyenne, une femelle peut pondre des centaines de milliers d'œufs qui vont éclore en à peine 5 jours.
Vous imaginez à quel point ces centaine de milliers de fous vont abîmer la nature ensuite ?

Invasives et destructrices autant en Europe qu'en Amérique et en Asie, ces carpes sont un délice au restaurant et un cauchemar pour tous les êtres vivants liés de près ou de loin aux fleuves où elles vivent.

LE PYTHON BIRMAN

Ce classement serait-il complet sans au moins un serpent ? Qui dit chaud et humide, dit reptiles. Et dans les Everglades de Floride, on en trouve une espèce bien invasive, le python birman.

C'est l'un des 6 serpents les plus balèzes du monde, le plus grand jamais attrapé mesurant presque 6 mètres de long pour près de 100 kg. Il règne sans partage dans son écosystème.

Introduit aux États-Unis dans les années 1980, c'est une dictature totalitaire loin de son Asie du Sud-Est natale, terrible pour les oiseaux, les pumas d'Amérique ou encore les coyotes qui en sont les victimes...

Adorant nager et grimper, il n'y a nulle part où lui échapper. Les mammifères comme les ratons laveurs, les écureuils et les lapins se font avaler tout crus. Quant à leur seule menace, les alligators, ils grandissent moins vite que les pythons birmans. Résultat : les pythons deviennent adultes plus vite et étranglent les jeunes alligators pour éliminer toute concurrence future. Malin.
Selon une récente étude, les pythons birmans seraient responsables de la mort de 77 % des lapins de marais de Floride. De vrais tueurs...

Ce gros serpent a une autre cible de prédilection : les animaux de compagnie. En Floride, quand un chat ou un chien a disparu, c'est parfois qu'il est en train d'être digéré par un gros python birman.

Actuellement, la Floride estime entre 20 000 et 30 000 le nombre de pythons birmans qui se baladent sur son espace. Et comme les femelles pondent entre 25 et 30 œufs, lesquels éclosent dans 90 % des cas, le massacre n'est pas près de s'arrêter.

Pour lutter contre ce phénomène, les États-Unis ont recours à des sous-traitants chargés de capturer et d'euthanasier ces gros serpents. Et en désespoir de cause, la Floride pense même à autoriser la consommation de ce serpent. Steak de python birman avec frites et mayo, ça vous dit ?

LE SANGLIER

Les sangliers et leurs cousins les cochons sauvages sont des démons qui envahissent et saccagent tout.

Un sanglier est un monstre de puissance pesant jusqu'à 100 kg pour 1,50 m de long. Avec son pelage dru et brun, quand il pénètre dans une plaine, il ne passe pas inaperçu.

Ils peuvent se reproduire avec des cochons domestiques pour donner des hybrides qui ressemblent à des cochons énervés.
Un spécimen appelé « Hogzilla », pesant 360 kg pour plus de 2 mètres, a été capturé par un Américain en 2004. Il était considéré comme un « fake » mais les analyses ADN effectuées par des scientifiques pour un documentaire de National Géographic l'ont authentifié comme un hybride bien réel.
Déjà qu'un sanglier, ça peut tuer quelqu'un en le cognant avec ses défenses violentes, imaginez un truc trois fois plus lourd !

Et les hybrides arrivent naturellement : par exemple en Suède, des sangliers n'hésitent pas à casser des clôtures électriques pour aller se reproduire avec des cochons domestiques, donnant à l'agriculteur des portées d'hybrides qui parfois sont hyper agressives, parfois juste chelous (certains, par exemple, sautent dans tous les sens quand ils sont stressés).

Dès l'âge de 6 mois, la femelle peut se reproduire. Tous les 12-15 mois, elle met au monde deux portées de 8 à 12 petits. En un an, la population de sangliers peut tripler.

Pour se nourrir, ils ont coutume de fouiller la terre à la recherche de rhizomes, de tubercules... Ils affectionnent les champs cultivés, les aliments destinés au bétail et, comme ils sont gloutons, ils mangent tellement que les autres animaux n'ont plus rien à se mettre sous la dent. De temps en temps, ils s'en prennent aux animaux de compagnie, comme les chats et les chiens.

Cerise sur le gâteau : un sanglier peut transporter jusqu'à quarante parasites et transmettre plus de trente pathologies.

LE CHIEN VIVERRIN

« Pousse-toi, j'ai faim » est la phrase préférée du chien viverrin, qui, avec sa bouille de blaireau, son pelage de raton laveur et sa silhouette trapue, semble être un mélange de tous les nuisibles carnivores.

Pesant 6 à 7 kg, ce petit animal est originaire d'Asie orientale, notamment de Chine, du Vietnam, du Japon et de Corée.
Comment est-il arrivé dans les plaines d'Europe centrale ? Des marchands l'ont transporté sur le Vieux Continent pour faire commerce de sa fourrure. Désormais libre, le chien viverrin a commencé à envoyer au paradis un paquet d'espèces : rongeurs, insectes, amphibiens, poissons, reptiles, mollusques...
Il voit des poules et autres volailles ? Hop, au menu ! Parfois, une fois la nuit tombée, il se glisse dans les plantations en mode voleur et pique un ou deux melons, un peu de maïs ou des semences de vigne. Des repas variés !
Des oiseaux font un nid et pondent leurs œufs ? Cool, il va aller dégommer les œufs et dévorer maman et papa sans rien laisser derrière, car le chien viverrin ne gaspille pas la nourriture.
Certaines espèces savent grimper aux arbres, nager et creuser. Bref, inutile de se cacher, tout finira dans son ventre.

Son appétit étant sans fin, non seulement il dévore des animaux sans défense, qui disparaissent, mais il ne laisse rien pour les autres prédateurs, qui eux aussi ont du mal à survivre.
Mais la nature se rebelle avec les loups de Russie, qui massacrent les chiens viverrins, et les renards roux, qui dévorent leurs bébés. En Europe, d'autres renards ainsi que des blaireaux les tuent quand les chiens viverrins ont l'insolence de rentrer dans leur terrier. Ils sont aussi parfois les proies des lynx d'Europe.
Même le ciel y va de ses serres, car l'aigle royal, le pygargue à queue blanche et le hibou grand-duc eux aussi les tuent et les dévorent.

C'est une guerre sans partage en Europe, où leur chasse est autorisée. Notamment sur le territoire britannique, où des gens peu futés ramènent des chiens viverrins comme animaux de compagnie, qui s'échappent et abîment l'écosystème par leur gloutonnerie.

CHÉRIE, J'AI RÉTRÉCI LES GOSSES
POUR ÉTUDIER LES INSECTES
FiZZZZZZZZZZZ
GÉNIAL ! ÇA A MARCHÉ ! RIEN DE TEL QUE DE RÉTRÉCIR LES GOSSES POUR ÉTUDIER LES INSECTES... HEIN, CHÉRIE ?
EUH... TOUT ÇA POUR L'EXPOSÉ DE LA PETITE ? ON PEUT PAS ALLER SUR INTERNET COMME TOUT LE MONDE ?
ET C'EST PAS DANGEREUX AU MOINS ?
NOOON, À PART SI ON TOMBAIT SUR...
OH MON DIEU !

LES FOURMIS MAGNANS

Les fourmis magnans sont les pires insolentes d'Afrique, car elles s'attaquent même aux crocodiles bien vivants !

Vous vous demandez sûrement pourquoi ce reptile ne s'éloigne pas vite fait de l'endroit pour échapper aux fourmis... mais imaginez que si, pendant qu'il fuit, les fourmis qui sont déjà sur lui dévorent ses yeux et rentrent dans son corps, c'est «game over», elles vont le manger de l'intérieur.

Technique adoptée par les crocodiles après des millénaires de lutte : fermer yeux, bouche et narines afin de bloquer tout accès à leur corps et attendre que les fourmis abandonnent...

Insectes, serpents, rongeurs et grosses bestioles, tout être vivant sera puni par le karma en personne s'il se trouve sur le chemin de ces machines à éviscérer !

Leur méthode : cracher de l'acide sur la proie vivante et avaler les tissus qui fondent, puis continuer leur chemin à la recherche du prochain dîner...

Zéro pitié, que de la brutalité chez ces fourmis !

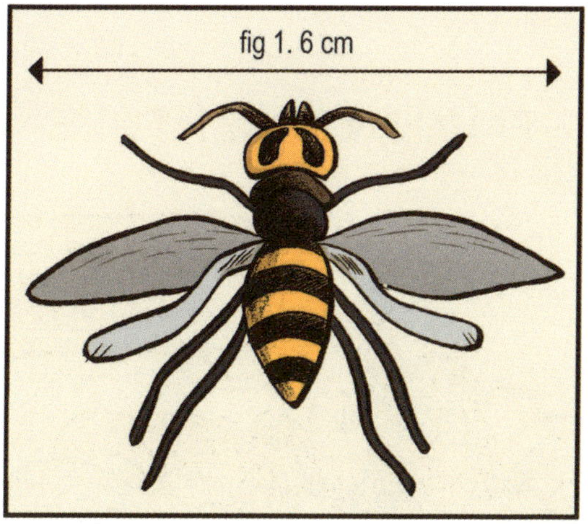

LES FRELONS GÉANTS

Venant tout droit du Japon, le frelon géant est un démon mesurant près de 6 cm et porteur de l'un des venins les plus dangereux du monde des insectes.

Heureusement, ces insectes ne sont actifs que six mois dans l'année, ce qui leur suffit pour dévorer des congénères, comme les mantes religieuses, pour nourrir leurs larves.

Malheureusement, six mois, c'est largement assez pour non seulement piquer les humains qui se baladent d'un peu trop près et les envoyer à l'hôpital, mais aussi assez pour décimer des colonies entières d'abeilles...

Et dans le genre efficace, sachez qu'un seul de ces frelons peut tuer des centaines d'abeilles en seulement une heure.

À ce rythme-là, en quelques heures, les dizaines de milliers d'abeilles d'une colonie sont toutes exterminées et, pour fêter ça, les frelons kidnappent les larves et les ramènent pour un festin sans pareil dans leur propre colonie... Un vrai carnage !

FAUCON TARENTULE

Si je vous dis qu'un insecte s'appelle faucon tarentule, parce qu'il est aussi dévastateur qu'un faucon, qu'il victimise les tarentules en les attaquant et qu'il a l'une des piqûres les plus violentes du monde, vous êtes chaud pour savoir ce que c'est ?

Cette créature atroce est la guêpe araignée, aussi appelée le faucon tarentule. Elle s'attaque à des araignées et des tarentules aussi grosses qu'elle.

Pour la guêpe, l'araignée est un concentré de protéines qu'elle chasse pour nourrir ses petits. Elle entre sans frapper à la porte dans le terrier de l'araignée pourtant couvert de toiles.

L'araignée tente de s'évader, mais, en général, c'est déjà trop tard pour elle, après de multiples coups au thorax, le venin paralyse l'araignée en l'envoyant dans le coma.

Ensuite, c'est simple et bien cruel, maman guêpe va planter une larve dans l'araignée paralysée, qui va y grandir en la dévorant toute crue de l'intérieur, avant de sortir et de devenir une toute nouvelle tueuse. Et l'histoire se répète !

ŒSTRIDÉS

Les œstridés sont une famille de mouches aussi appelées les «grosses mouches». La larve grandit sous votre peau avant de progressivement sortir le bout de son nez tout en se nourrissant de votre chair... chouette programme !

Ces insectes parasitent tout un tas de mammifères, dont les humains, les chevaux ou encore les écureuils.

La mouche attrape un moustique en plein vol et lui place ses œufs sur le corps. Puis ce moustique vient piquer sa victime et les larves se glissent sous sa peau, devenant ainsi un squatteur dégoûtant, un vrai cauchemar !

N'essayez pas de l'arracher, la nature a tout prévu, car la larve est entourée d'épines qui s'accrochent fermement à votre peau : aucun moyen d'en réchapper !

CHENILLE LONOMIA

Cette chenille est la plus venimeuse du monde malgré son petit air mignon et sa couleur vert pomme.

Cette créature longue de 5 cm habite l'Amérique du Sud et notamment le Brésil et a un corps qui a l'air tout doux au toucher.

Petit détail d'importance, il est recouvert d'épines si venimeuses qu'elles vous injecteront un venin terriblement violent et douloureux, comme si vos os se brisaient et votre intérieur brûlait.

Au programme : les habituelles nausées, douleurs abdominales, hémorragies internes et j'en passe... jusqu'à vous placer dans le coma, comme c'est arrivé à une dame malchanceuse après qu'une de ces bestioles s'est glissée dans ses chaussures.

Elle n'a malheureusement pas survécu... alors, en voyage, attention où vous mettez les pieds !

LES EXPÉRIENCES DU PROFESSEUR CHAUDRON

RAT

Les rats sont une grande famille de petits rongeurs insolents, et quand je dis petits, je devrais peser mes mots, car l'un d'entre eux, le rat laineux de Bosavi, découvert en 2009, mesure presque 1 mètre de long, avec ses 82 cm pour 1,5 kg... Respect !

Les rats sont des experts de l'intelligence, leur cerveau est ultra-musclé. Ils peuvent s'adapter 10 fois plus vite que nous à des situations. Par exemple, si un rat en observe un autre se faire capturer par un piège, il ne va JAMAIS repasser dans la zone, une affaire de survie ! Et en matière de survie, les rats font encore plus fort en montrant à quel point ils sont altruistes, c'est-à-dire qu'ils vont tout faire pour empêcher qu'un de leurs congénères se fasse tuer aussi.

Plusieurs expériences ont montré que les rats tendent à aider leurs amis et famille lorsque ceux-ci sont en danger.

EXPERIENCE 1

Un rat était constamment dans de l'eau sans risque réel de noyade, mais le seul moyen pour lui de sortir était qu'un deuxième rat, tranquillement en sécurité à côté, appuie sur des boutons pour le libérer.

TEST 1 :
- Rat 1 en sécurité
- Rat 2 dans pot sans eau
> Pas de réaction du rat 1

TEST 2 :
- Rat 1 en sécurité
- Rat 2 dans l'eau
> Le rat 1 appuie direct sur le bouton

CONCLUSION : dans les deux cas, le rat est accompagné de son ami, mais c'est quand il est en danger visible qu'il se rue pour l'aider.

EXPERIENCE 2

Avec le chocolat comme arme ultime, le rat 1 avait maintenant deux boutons, un qui sauvait le rat 2 dans l'eau, et un qui leur permettait d'avoir accès à du chocolat.
> 50 à 80 % du temps, les rats 1 choisissaient d'aider le rat 2 plutôt que d'accéder au chocolat.

CONCLUSION : comme chez les humains, l'altruisme est dans l'ADN des rats, ce n'est pas le résultat de l'éducation ou d'une récompense.

9 CORNEILLE

Les corbeaux et les corneilles sont connus pour reconnaître les humains insolents qui osent les violenter et non seulement se souviennent de ces personnes, mais vont activement chercher à se venger par tous les moyens possibles.

Ces créatures « adorables » sont capables de choses folles et montrent parfois des compétences cognitives supérieures aux singes et primates. Par exemple, le corbeau de Nouvelle-Calédonie est bien connu pour maîtriser son sujet lorsqu'il s'agit de technologie pour se faciliter la vie.

EXPERIENCE : L'un d'eux, surnommé « Betty », a choqué les scientifiques ainsi que le public quand elle et son partenaire ont reçu la tâche de choisir un outil approprié pour récupérer de la nourriture dans un genre de petit seau à l'intérieur d'un tube vertical.

C'est comme si on mettait des cerises à l'intérieur d'un tube et qu'on vous demandait comment les récupérer. Les corbeaux pouvaient choisir entre un outil droit et un outil courbé, plus adapté.
Betty la corneille attrape l'outil droit et le plie elle-même pour qu'il ait la forme adéquate, l'insère à l'intérieur du tube vertical et récupère sa nourriture bien méritée.

Expérience reproductible, car Betty, à chaque fois qu'elle en avait besoin, se fabriquait ses propres outils dans tous les sens nécessaires pour récupérer de la nourriture, quitte à prendre un outil tordu pour le remettre droit afin de récupérer son dû.

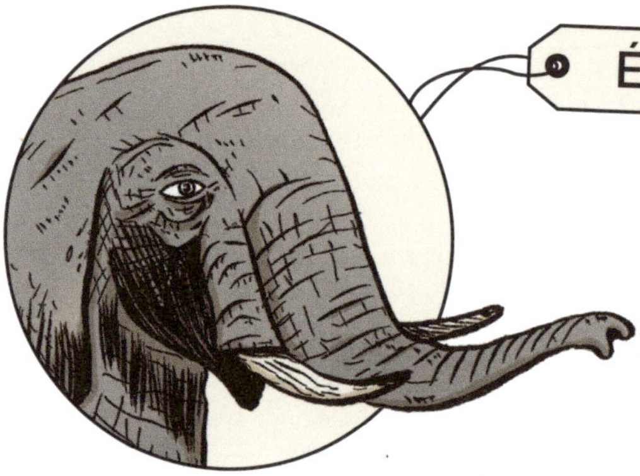

ÉLÉPHANT

Pendant bien trop longtemps les éléphants ont été considérés comme de simples grosses boules de 6 tonnes capables de tout écraser et dotées d'une bonne mémoire. Les scientifiques ont découvert qu'ils pouvaient comprendre le langage corporel des humains, montrer des signes d'empathie, pleurer leurs morts et reproduire certaines voix humaines.

Ils sont capables de connaître votre âge, votre genre et votre ethnicité juste en entendant votre voix d'humain, comme l'a montré une étude anglaise.
Si votre voix ressemble à une voix de tueur d'éléphants, ils vont vous catégoriser direct comme tel et vouloir vous éliminer.

EXPERIENCE 1 : Les chercheurs, pour ce faire, ont ramené 2 Kenyans. Un du groupe des Maasai et un du groupe des Kamba. Les Maasai ont une longue histoire conflictuelle avec les éléphants et en ont tué des tonnes à travers leur histoire, tandis que les Kamba ne les touchent pas.

Les scientifiques ont enregistré les voix de ces deux hommes dans leurs langages différents et ont diffusé ces enregistrements à des groupes d'éléphants du parc national d'Amboseli au Kenya. Quand les éléphants ont entendu la voix du Maasai, ils ont commencé à paniquer en se regroupant et en s'éloignant de la voix. Mais quand la même phrase était prononcée par le Kamba, les éléphants restaient calmes, sans aucune réaction.

Ils ont également distingué les voix des hommes de celles des femmes et des enfants, qui, de quelque tribu qu'ils soient, ne déclenchaient aucune réaction, puisque historiquement non liés à des actes de violence.

EXPERIENCE 2 : Les éléphants sont également capables d'utiliser des outils et pas seulement des bâtons.
En 2010, dans un zoo aux États-Unis, des scientifiques ont observé un éléphant d'Asie appelé Kandula. Celui-ci voulait absolument manger un fruit qui était malheureusement trop haut pour être atteint.
Après quelques jours à activer ses neurones, il a fini par comprendre comment l'atteindre. Il a ramené une sorte de bloc de plastique et est monté dessus pour atteindre le fruit tant convoité.

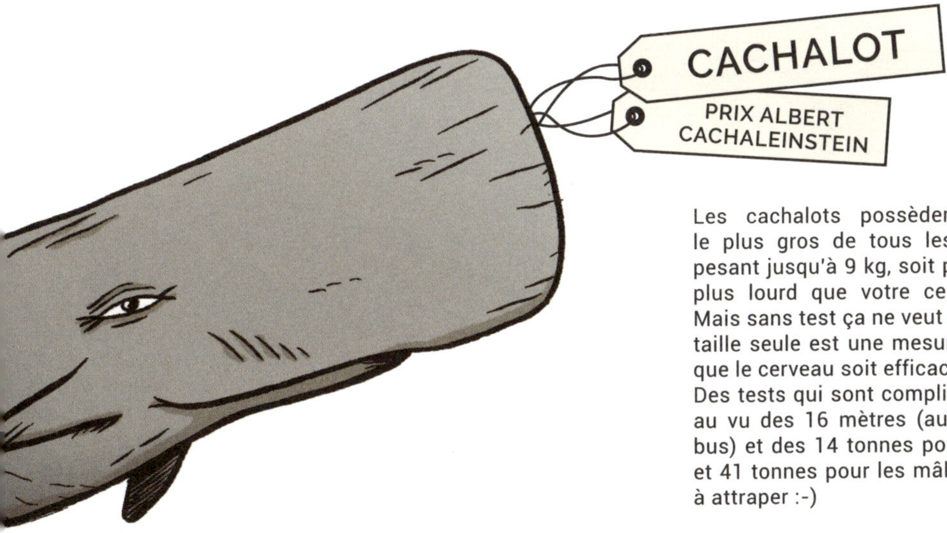

Les cachalots possèdent le cerveau le plus gros de tous les mammifères, pesant jusqu'à 9 kg, soit près de six fois plus lourd que votre cerveau humain. Mais sans test ça ne veut rien dire, car la taille seule est une mesure nulle. Il faut que le cerveau soit efficace et utile.
Des tests qui sont compliqués à réaliser au vu des 16 mètres (aussi long qu'un bus) et des 14 tonnes pour les femelles et 41 tonnes pour les mâles... pas facile à attraper :-)

EXPERIENCE : En 2021, une étude qui s'est servie du journal de bord du XIXe siècle de pêcheurs de baleines remarque qu'au début la pêche aux cachalots était facile, mais que très rapidement, ils ont appris à esquiver sans problème les pêcheurs, et la réussite de leurs captures a chuté de 60 %.
Ce chiffre semble indiquer que les cachalots se sont transmis entre eux la menace des humains et les techniques pour ne pas se faire attraper.

Bien qu'il soit difficile de faire de réelles expériences avec ces animaux immenses, humains, dauphins et baleines ont des neurones en fuseaux qui sont capables de pensées profondes comme des compétences de raisonnement, de mémoire, de communication et de pensées adaptatives. Comme vous et moi, les baleines disposent d'une intelligence émotionnelle profonde, notamment d'empathie, et cherchent souvent à aider les humains ou les phoques lorsque des requins ou des orques sont dans les parages.

En conclusion, bien que leur cerveau soit proportionnellement plus petit par rapport à leur corps que le nôtre, et considérant leur proximité avec les dauphins, orques et baleines en général, il est fort probable, bien que difficilement testable, que les cachalots cachent plus d'une intelligence dans leur sac.

PIEUVRE

Sang bleu, trois cœurs et huit bras. Les pieuvres sont énigmatiques, elles nous surprennent par leur intelligence bluffante. Saviez-vous que chacun des huit bras des pieuvres possède son propre « mini-cerveau » ?

Deux tiers de tous ses neurones sont dans ses bras, appelés ganglions. Ces bras sont donc hautement sensibles et indépendants et servent notamment à blesser des victimes pour mieux les dévorer sans l'intervention du cerveau principal. Le cerveau de la pieuvre comparé à son corps est d'ailleurs le plus massif de tous les invertébrés.

Pouvant également utiliser des outils comme des roches pour se protéger des prédateurs, voire arracher des tentacules venimeuses de la galère portugaise pour s'en servir comme armes létales, les pieuvres sont aussi à même de reconnaître des humains pour savoir qui est gentil et qui mérite des claques, grâce à leurs énormes yeux.

Au point qu'une histoire dans l'université d'Otago en Nouvelle-Zélande nous apprend qu'une pieuvre n'aimait pas la tête d'un membre de l'équipe de recherche et donc qu'à chaque fois que cette personne entrait dans le laboratoire, la pieuvre lui envoyait un jet d'eau dans sa direction, une façon sympa de l'accueillir :-)

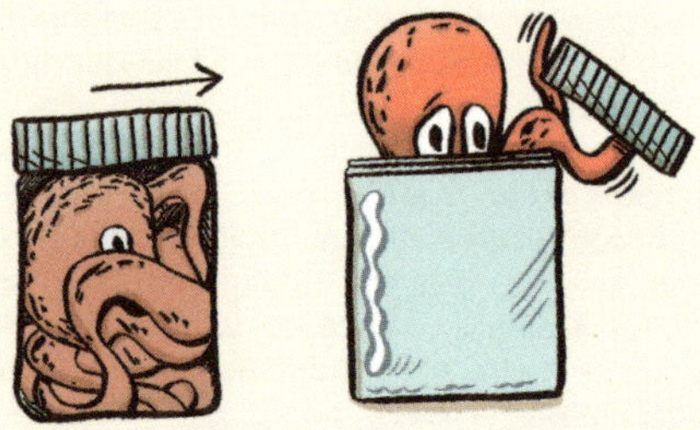

Des expériences ont montré que les pieuvres peuvent aisément résoudre des énigmes et des labyrinthes et faire avec une réussite insolente des tâches très complexes. Par exemple, en apprenant seules à ouvrir un pot de confiture, c'est-à-dire en tournant le couvercle, en sachant faire la différence entre pousser et tirer, toujours dans le but d'obtenir de la délicieuse nourriture derrière. Ça ne perd pas le nord, les animaux intelligents :-)

Des chercheurs d'un laboratoire marin se demandaient un jour ce qu'il pouvait bien se passer, car un de leurs aquariums avait toujours des poissons qui disparaissaient. Après avoir mis une caméra, ils ont découvert que leur pieuvre attendait que les chercheurs rentrent chez eux le soir, sortait de son aquarium (les pieuvres peuvent respirer à l'air libre), allait jusqu'à l'aquarium des poissons et mangeait les poissons, puis revenait dans son aquarium ni vu ni connu.

Quel dommage que ces génies meurent après avoir donné naissance à leurs petits.
Les mâles dépérissent après s'être reproduits et les femelles protègent férocement leurs œufs sans se nourrir, refusant même de la nourriture toute prête devant elles. Rien à faire, la survie des petits avant tout !

GORILLE

Les gorilles, dont on ne parle jamais lorsque l'on mentionne l'intelligence dans la nature, sont certes imposants par leur force, capables de broyer n'importe quel insolent en compote, mais ils font également partie des animaux les plus doués de la planète.

Bien que n'utilisant pas des masses d'outils, car leur environnement regorge de nourriture, les gorilles sont bien capables d'en fabriquer lorsqu'il y a besoin. En République démocratique du Congo, des gorilles ont été observés utilisant de longs bâtons pour tester la profondeur d'une rivière avant de la traverser.

Extrêmement social, le gorille pleure la mort de ses congénères, sait utiliser des outils et peut, comme Koko le gorille l'a démontré, communiquer avec les humains via le langage des signes.

Koko, née en 1971, a été repéré par la chercheuse Francine Patterson dès 1972. Elle a commencé à lui apprendre le langage des signes. Ni une, ni deux, Koko est devenue une star internationale en apprenant près de mille signes et pouvant comprendre jusqu'à deux mille mots d'anglais.
Elle était tellement habile dans la compréhension et l'utilisation de l'anglais qu'elle a montré à maintes et maintes reprises ce que tous les grands singes sont capables de faire : raisonner sur le monde qui les entoure, aimer les gens autour d'eux en montrant des émotions et un sens de l'humour très développé. Par exemple, vous dire avec le langage des signes que vous êtes un gorille, puis courir pour que vous leur couriez après, comme le font très souvent les gorilles entre eux.
Koko nous a quittés en 2018, après quarante-six années passées à enseigner aux humains que les gorilles étaient bel et bien capables d'atteindre un niveau d'intelligence similaire à celui de jeunes enfants.

GRIS DU GABON

Que se passe-t-il quand vous prenez un gris du Gabon, le perroquet le plus bavard du monde, qui adore se moquer des humains pour son plus grand plaisir, et que vous le mettez en face de 21 étudiants pour un test afin de savoir qui a la mémoire visuelle la plus musclée ?
21 étudiants et 21 enfants se sont associés pour tester leur mémoire face à Griffin, un gris du Gabon, dans un jeu où chacun devait savoir où était situé un objet coloré caché sous des petits verres en plastique qui étaient sans cesse mélangés.
Dans 12 des 14 tests, Griffin a fait aussi bien ou a même battu les étudiants et les enfants, montrant qu'il était supérieur. Les 21 enfants de 6 à 8 ans notamment ont échoué à battre Griffin dans chacun des 14 tests.

Et Griffin n'est pas un exemple isolé, un autre gris du Gabon, entraîné par la même chercheuse, Irene Pepperberg, a démontré que les perroquets n'étaient pas de simples répéteurs de mots, mais bien des êtres hautement intelligents.

Alex a été entraîné à identifier verbalement des objets comme « clé » ou « papier », ainsi que les couleurs et certaines formes afin de catégoriser des objets.

Exemple, vous lui montrez une clé verte, et il doit dire ce que c'est. 70 % du temps, il arrivait à dire par exemple « clé verte », et quand il ne disait que « clé », on lui demandait ensuite « quelle est la couleur », sa réponse était correcte dans 94 % des cas.

Plus impressionnant encore, l'utilisation du mot «non». Lorsqu'Alex n'arrivait pas à identifier un objet, on lui disait «non». Très vite, cet insolent a appris à utiliser lui-même le mot «non» lorsqu'il n'avait pas envie qu'on le touche, lorsqu'on ne lui donnait pas assez de nourriture pour signifier qu'il en voulait plus ou encore lorsqu'il n'avait pas envie d'un certain objet.

D'ailleurs, il savait sortir des mots qu'il n'avait pas appris à reconnaître, par exemple en demandant un objet pour jouer avec en ajoutant «veux» avant le mot, style «veux fourchette».

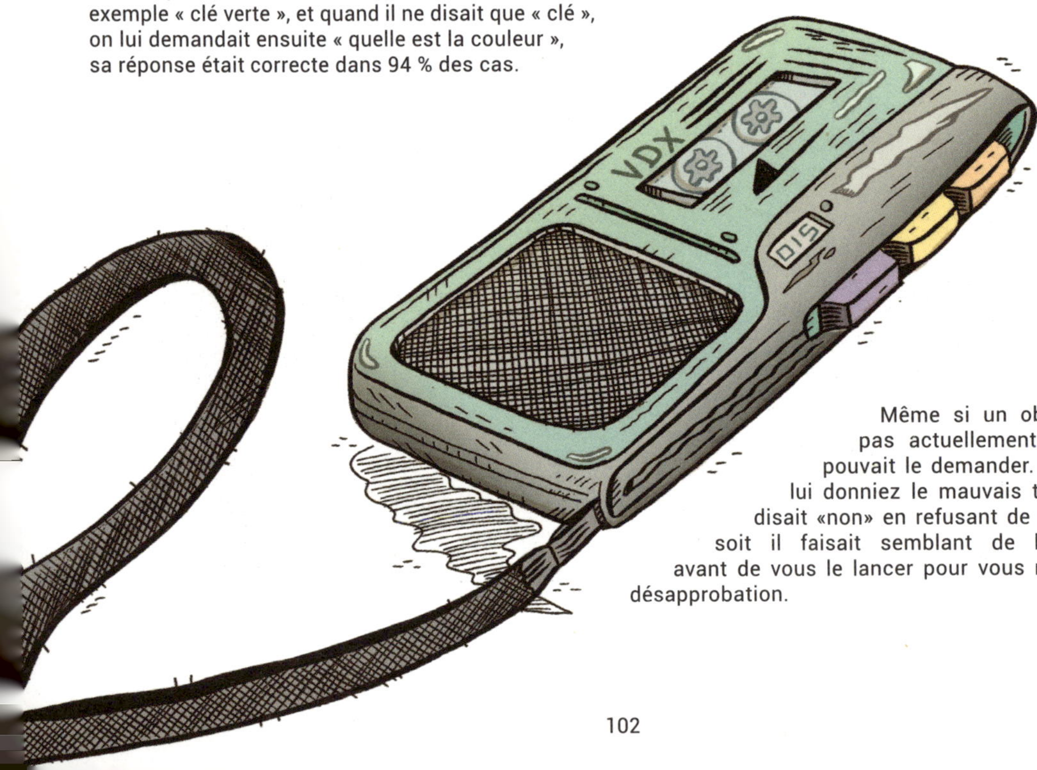

Même si un objet n'était pas actuellement visible, il pouvait le demander. Et si vous lui donniez le mauvais truc, soit il disait «non» en refusant de le prendre, soit il faisait semblant de le prendre avant de vous le lancer pour vous montrer sa désapprobation.

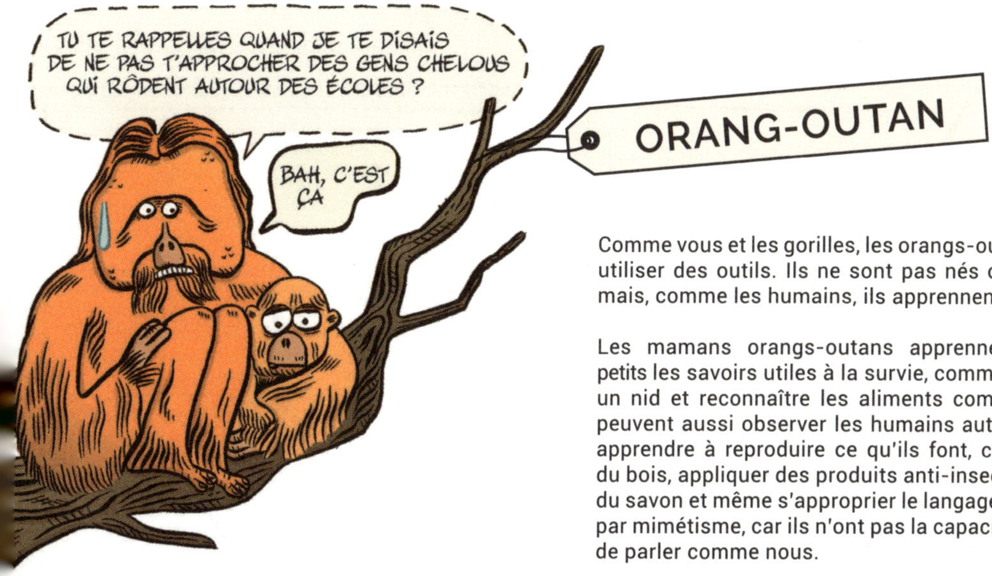

Comme vous et les gorilles, les orangs-outans savent utiliser des outils. Ils ne sont pas nés omniscients, mais, comme les humains, ils apprennent vite !

Les mamans orangs-outans apprennent à leurs petits les savoirs utiles à la survie, comme construire un nid et reconnaître les aliments comestibles. Ils peuvent aussi observer les humains autour d'eux et apprendre à reproduire ce qu'ils font, comme scier du bois, appliquer des produits anti-insectes, utiliser du savon et même s'approprier le langage des signes par mimétisme, car ils n'ont pas la capacité physique de parler comme nous.

Leur capacité la plus incroyable, c'est d'être apparemment la seule espèce animale avec les humains capable de parler de quelque chose qui a eu lieu dans le passé.

Ça n'a l'air de rien, mais être capable de raconter une histoire ou un événement qui a eu lieu dans le passé est unique chez les humains. En tout cas, c'est ce que l'on pensait, car tous les autres animaux qui ont été observés directement par des scientifiques ne semblaient communiquer que sur des faits présents.

En 2018, une équipe de chercheurs écossais a publié une étude autour de sept mères orangs-outans à qui les scientifiques ont fait croire qu'il y avait deux prédateurs cherchant à les attaquer dans le coin, lesquels étaient en fait deux scientifiques déguisés en tigres.

Ce que l'équipe a pu observer, c'est que certaines mères, très proches des deux potentiels prédateurs, attendaient avant de lâcher un cri d'alerte pour prévenir tout le monde et sauver leur petit.

Deux raisons, premièrement : ne pas attirer l'attention du tigre en gueulant comme pas possible immédiatement après l'avoir repéré pour que celui-ci ne se jette pas sur eux et les dévore sans pitié. Deuxièmement, enseigner aux petits qu'il n'est pas nécessaire de s'échapper en paniquant à chaque fois qu'ils voient un prédateur dans la zone.

La chose incroyable donc, c'est que ces mères attendaient quelques minutes et ensuite envoyaient un cri d'alerte, alors que les scientifiques déguisés en tigres n'étaient plus visibles. Elles ont donc communiqué la présence de ces prédateurs au passé, alertant la tribu de faire attention à leur environnement pour ne pas se faire dévorer.

↘ VOS PIRES CAUCHEMARS

N°7
LA CHÈVRE DE DAMAS : GRANDE GAGNANTE EN 2008 DU PRIX DE LA PLUS « BELLE » RACE DE CHÈVRE AU MONDE
ET LA GRANDE GAGNANTE EST... MISS SYRIE 2008 !
BÊÊÊ
POURTANT ADORABLE BÉBÉ, ON SE DEMANDE TOUS CE QUI A BIEN PU SE PASSER
Pchiiii
HO, LA JOLIE PRESSE HYDRAULIQUE !
ET SI JE METTAIS MA TÊTE DEDANS ?
N°6
LE BLOBFISH : C'EST UN POISSON QUI VIT NORMALEMENT À 1200 M DE PROFONDEUR, MAIS RAMENÉ À LA SURFACE...
NE RESSEMBLE PAS DU TOUT À SA PHOTO DE PROFIL !
SATANÉE PRESSION !
N°5
LE DRAGON BLEU DES MERS : IL EST LE TOP MODEL DES OCÉANS ET SE NOURRIT D'ANIMAUX VENIMEUX POUR S'EN IMPRÉGNER
BAH, C'EST PAS ENCORE CE SOIR QUE JE VAIS CONCLURE...

N°4
LA MIXINE : C'EST UN POISSON VISQUEUX QUI REJETTE UNE ÉNORME QUANTITÉ DE MUCUS QUAND IL SE SENT MENACÉ
DÉSOLÉ POUR LE RHUME !
IL EST NÉCROPHAGE ET NE SE NOURRIT QUE DE CADAVRES D'ANIMAUX EN S'Y INSÉRANT PAR L'ANUS ET EN GRIGNOTANT TOUT L'INTÉRIEUR PENDANT DES JOURS !
MAMAAAAN !
N°3
LE PAPILLON TENTACULES : VIT EN AUSTRALIE (COMME TOUT ÊTRE VENANT DES ENFERS), MAIS AUSSI AU JAPON
ÇA TE DIRAIT DE VENIR AU BAL AVEC MOI ?
BAAAAH, POURQUOI...
DE BASE, IL RESSEMBLE À UN PAPILLON NORMAL, MAIS PENDANT LA PÉRIODE DE REPRODUCTION, IL SORT...
SES GROS MACHINS !
P...
FINALEMENT, J'AI PONEY !
OH...

N°2
LE POU MANGE-LANGUE : IL PARASITE LES POISSONS EN MANGEANT LEUR LANGUE ET EN LA REMPLAÇANT
NEMO, C'EST TOI QUI AS MANGÉ LE GOÛTER DE TES CAMARADES ?
C'EST PAS MOI, C'EST LUI !
TON POU, TON PROBLÈME
lundi
IL VA ALORS FAIRE OFFICE DE LANGUE ET NOURRIR LE POISSON TOUT EN LUI PONCTIONNANT DU SANG. LE BUT DU JEU EST DE LE MAINTENIR EN VIE
QUEL POISSON DE PACOTILLE QUI N'A PAS TENU TROIS JOURS !
N°1
LE LÉMA À PIED NOIR : IL A L'AIR PLUTÔT COOL, MAIS QUAND IL EST SOUS FORME DE LARVE, IL PEUT ENVAHIR L'INTÉRIEUR D'AUTRES INSECTES...
HUM HUM
DOC... JE CROIS QUE J'AI DES VERS...
BPL BL BRPL BRP
POUR LE BOUFFER DE L'INTÉRIEUR... BON APPÉTIT, SI VOUS ÊTES À TABLE !
ALORS, DU VERMIFUGE TROIS FOIS PAR JOUR PENDANT QUATRE JOURS
VOUS SUPPORTEZ BIEN LES SUPPOSITOIRES ?
BOF

LA GRENOUILLE DES BOIS

Les grenouilles des bois vivent sur le continent américain. Étant donné qu'elles ont le sang froid (et donc que leur température corporelle dépend de leur environnement), la chaleur est pénible pour elles. La solution : go vers le nord, jusqu'en Alaska, là où aucun autre amphibien ou reptile n'est jamais allé vivre.

Mais comment éviter la mort par des températures absolument glaciales ?
Au départ, aucun problème. En été, en Alaska, tout bouge, vit et se reproduit. Mais quand l'hiver rude arrive, les grenouilles s'enfouissent sous des feuilles mortes et arrêtent de bouger, puis entrent en phase seconde. Leur cœur s'arrête, leur cerveau s'éteint autant que les gens de la téléréalité, une mort quasi totale !
Puis lorsque le printemps revient, le cœur repart, la grenouille respire de nouveau et reprend sa petite vie jusqu'au prochain hiver... enfin, si elle ne se pas fait croquer entre-temps.

LA MÉDUSE TURRITOPSIS

Les méduses *Turritopsis* ont l'incroyable capacité de pouvoir se transformer et redevenir de juvéniles innocents à l'état de bébé, ce qui est le rêve de tous ceux qui veulent repartir dans leur enfance ! Bref, la méduse re-grandit ensuite vers l'âge adulte et rebelote lorsqu'elle se sent stressée ou en danger, elle repart en enfance... Faisant d'elle une méduse immortelle !

LES AXOLOTLS

Suivant ! Imaginez que quelqu'un vient de briser votre petit cœur... Pas de panique, vous pouvez vous en débarrasser et le régénérer pour ne plus avoir de chagrin d'amour ! Bon, c'est une métaphore, mais vous avez compris le délire :-)

Les axolotls, qui ont quand même une sacrée bonne bouille, sont capables de régénérer n'importe quelle partie de leur corps, ce qui chez l'humain pourrait faire repousser bras, jambe, yeux et même cerveau !

Il faut juste attendre les progrès de la science pour le reproduire chez les humains et vous serez libre de vous mettre en danger sans crainte d'y perdre la vie.

LE COLÉOPTÈRE BOMBARDIER

Si jamais vous êtes poursuivi par des gens vraiment relous dans votre vie, quoi de mieux que de leur balancer de l'acide bouillant à la figure ?

Le coléoptère bombardier ne cherche pas à savoir qui vous êtes et envoie à qui s'approche de trop près un jet comparable à une explosion d'acide bouillant à effet corrosif. Celui-ci attaque la peau de ses prédateurs et les fait hurler de douleur pendant qu'ils courent en sens inverse.

Et si ça ne suffit pas, même avalé par un crapaud, le coléoptère résiste à l'acide gastrique de celui-ci et met tellement de bazar à l'intérieur de son estomac que le crapaud n'a d'autre choix que de le recracher s'il ne veut pas rendre l'âme. Coriace...

LE GECKO À QUEUE DORÉE

Dans le même genre de dingueries fluides, les geckos à queue dorée, habitants de notre chère île démoniaque, l'Australie, sont capables, eux, de projeter via leur queue l'un des liquides les plus horribles du monde, une odeur abominable !

D'autant plus que ce liquide est collant, donc n'essayez même pas de vous en débarrasser, seul un bon coup de détergent saura vous sauver. Mais merci de ne pas essayer : le détergent, c'est pour les sols, n'est-ce pas :-)

LE TARDIGRADE

On finit sur le guerrier qui est probablement le plus incroyable de l'histoire de la planète Terre, ex æquo avec nous, êtres humains.
Le tardigrade, ou ourson d'eau, est considéré par certains comme le réel dominant de la planète de par sa capacité à survivre au plus profond des océans, au sommet des plus hautes montagnes, en plein milieu des déserts les plus arides, à des températures proches du zéro absolue, à -273°C et à l'inverse à une fournaise de plus de 150°C.

Capable de se passer de nourriture ou d'eau pendant plusieurs décennies, il peut également survivre dans l'espace sans oxygène. Pour ce faire, ces boss du règne animal peuvent se placer en cryptobiose, un état bien supérieur à l'hibernation, qui lui permet de se déshydrater à 99 % et de se remplir d'antigel pour protéger sa structure cellulaire.
Mettez-lui ensuite un peu d'eau, même des dizaines d'années plus tard, et il va se réveiller comme si de rien n'était et reprendre sa vie peinard...

CHAPITRE 5

VIOLENTS & INSOLENTS

5 | VIOLENTS & INSOLENTS

➘ LES LAPINS ça mange des salades et c'est trop mignon

LES LOUTRES l'animal le plus violent d'Amazonie

LES HIPPOPOTAMES n'ont aucun respect

↘ DESTINATION LUNE DE MIEL

OH, REGARDE, CHÉRIE, LE JOLI NUAGE...
WALALALA, ÇA COMMENCE !
APRÈS LES PLUIES, EN AOÛT, DES ARAIGNÉES SE HISSENT SUR LES PLUS HAUTES BRANCHES POUR ÉVITER D'ÊTRE NOYÉES. ELLES SE LAISSENT ALORS EMPORTER PAR LE VENT, GRÂCE À LEUR TOILE, COMME DES PARAPENTES.
ET...
HOP
LE NUAGE, LÀ, CE SONT DES MIiiiiiLLIONS D'ARAIGNÉES QUI NOUS FONCENT...
DESSUS !
EN 2015, C'EST LA VILLE DE GOLDBERG QUI A VU DANS SES RUES S'ABATTRE CE VÉRITABLE CAUCHEMAR D'ARACHNOPHOBES !
ON CONTINUE LA VISITE ?

CHÉRIE, VIENS, ON VA SE PROTÉGER DANS L'EAU...
PLIC PLIC
NE FAITES PLUS UN GESTE, MALHEUREUX !
VOUS AVEZ FAILLI MARCHER SUR CE POISSON PIERRE !
IL EST CAPABLE DE RESTER 24 HEURES HORS DE L'EAU, CACHÉ DANS LE SABLE. SON VENIN EST SI TERRIBLE QU'IL VOUS CAUSERA DES DOULEURS ATROCES, UN MANQUE D'OXYGÉNATION DU CERVEAU ET... ET...
ET ATTENTION, DERRIÈRE VOUS, COUUUUUUUUREZ !
ON COURT OU ON NE BOUGE PAS ? FAUDRAIT SAVOIR !

UN TAÏPAN CÔTIER, CE TUEUR EST LE 3E SERPENT LE PLUS VENIMEUX DE LA PLANÈTE, IL PEUT MESURER 3 M DE LONG POUR 6 KG ET A DES CROCHETS DÉLIVREURS DE VENIN PARMI LES PLUS LONGS DE TOUS LES PSSST-PSSST : 13 MM
PSSSSSSSSSSSSSS
ON EST SAUVÉS, IL A VU UN GROUPE D'INFLUENCEURS EN VACANCES...
REGARDEZ ÇA, AVEC QUELLE VIOLENCE IL TRANSPERCE LE CAOUTCHOUC DE LEURS BOTTES
SON VENIN A UN EFFET ANTICOAGULANT, CES PETITS INSOLENTS VONT CERTAINEMENT PÉRIR... D'HÉMORRAGIE INTERNE !
GRRR
FSSSSSS
AAHH
VOUS AVEZ ENTENDU ? RESTEZ DERRIÈRE MOI, ELLE EST LÀ
QUI ÇA, « ELLE » ?
LA MAMAN DE CETTE ADORABLE PAIRE DE SANTIAGS

LE CROCODILE MARIN : 7M DE LONG POUR 1000 KG DE PURE VIOLENCE ! CE HACHEUR DE VIANDE SUR PATTES EST LE PLUS GRAND PRÉDATEUR TERRESTRE
APRÈS MOI
GRRRRR
SA MORSURE EST DEUX FOIS PLUS FORTE QUE CELLE D'UN HIPPOPOTAME...
QU'IL NE FAUT PAS DÉJÀ CONFONDRE AVEC UN ÉCRASE-NOIX
AIE
GRRAAA
MR DARWIN ?
QUOI ENCORE ? C'EST L'HEURE DU GOÛTER POUR VOUS AUSSI ?
ON PEUT RENTRER CHEZ NOUS ?
MAIS COMMENT ?
VOUS ÊTES SUR UNE ÎLE ENTOURÉE DE REQUINS-BOULEDOGUES !

LE REQUIN-BOULEDOGUE N'A RIEN À ENVIER AU REQUIN BLANC OU TIGRE, C'EST 200 KG POUR 3 M DE LONGUEUR DE PURE VIOLENCE. IL PEUT MÊME PÉNÉTRER DANS LES RIVIÈRES D'EAU DOUCE, VOUS DÉVORER, EN SACHANT QU'IL EST L'UN DES TROIS REQUINS QUI MASSACRENT LE PLUS D'HUMAINS CHAQUE ANNÉE
MAIS BON, LE PIRE, ÇA RESTE LES MÉDUSES
AH ! AH !
LA MÉDUSE IRUKANDJI QUI VOUS TRANSMET L'HORRIBLE SYNDROME D'IRUKANDJI...
TELLEMENT HORRIBLE QU'IL VOUS DONNE ENVIE DE VOUS TIRER UNE BALLE POUR EN RÉCHAPPER...
3CM
MAIS LE PIRE, C'EST LA MÉDUSE-BOÎTE ! L'ANIMAL LE PLUS VENIMEUX DU MONDE. SES TENTACULES DE 3 M DE LONG, COUVERTES DE MILLIONS DE PETITS HARPONS, VOUS TUENT EN DEUX MINUTES SI VOUS AVEZ LE MALHEUR DE VOUS FAIRE...
PIC

L'AUSTRALIE
TU VOIS, JE T'AVAIS DIT QUE C'ÉTAIT POURRI, L'AUSTRALIE, ET QU'ON AURAIT DÛ ALLER AUX ANTILLES POUR NOTRE LUNE DE MIEL !
ORGANISÉ PAR LE DIABLE

↘ EN MODE COMBAT

RYU ORQUE — K-O — GUILE REQUIN

Les requins sont les démons des océans, popularisés par les films de notre enfance.
Certes, les requins-tigres, les grands requins blancs et les requins-bouledogues sont de vraies machines de guerre, mais ils ont le problème d'être tombés dans les mêmes eaux que les plus grandes tueuses que sont les orques.
Avec leurs plus de 4000 kilos, 8 m de long et une vitesse folle à la nage de 55 km/h, ce sont les terreurs des océans. Elle aime torturer les petits animaux jusqu'à la mort sans même les manger. Leur mets préféré, c'est le foie de requin, elles vont donc assommer et retourner celui-ci avec violence jusqu'à lui arracher le foie. Quant au reste du cadavre du requin dont elles n'aiment pas le goût, elles le laissent couler dans les profondeurs.

PLAYER SELECT

Fuyons l'océan et allons tâter des contrées nordiques, là où le manque de respect se paye au prix fort, car, quand les boss du coin se rencontrent, il n'y a qu'un moyen d'apaiser tout le monde : la violence !
Les meutes de loups comptent souvent une dizaine d'individus qui font presque 1 mètre de haut pour 2 mètres de long et sont capables de lacérer les grizzlis, qui ne sont pourtant pas de petits gabarits avec leurs 300 kg de violence. D'un coup de patte, ils peuvent envoyer votre tête et celle d'un loup direct dans les nuages. Du coup ? Soit les loups prennent des revers à la Nadal et c'est le K-O technique, soit ils arrivent à épuiser le grizzli en le harcelant H24 pendant des jours avant de le mordre des centaines de fois jusqu'à ce qu'il se fasse dévorer tout cru.

L'éléphant est l'un des boss de la savane et bien fous sont les insolents qui osent le défier !
Parmi les rares animaux qui osent affronter les 6000 kg de ce mastodonte se trouve le terrifiant et puissant buffle d'Afrique, surnommé la mort noire, qui écrase, éviscère et tue plus de 200 personnes par an par la puissance dévastatrice de son corps, qui peut atteindre près de 900 kg sur plus de 3 m de long. Il est capable de tirer le corps d'un crocodile du Nil surpuissant de l'eau à la terre ferme.
Sans compter que rares sont ceux qui se promènent seuls, car ils adorent l'effet de groupe, qui leur permet de battre les lions et tout autre prédateur. Lorsque des éléphants énervés rencontrent des buffles tout aussi énervés, ne pensez pas que c'est toujours l'éléphant qui va gagner, parce que, oui, s'il lui arrive aussi de fuir devant la folie de ces derniers, l'éléphant parfois balaye et humilie de pauvres buffles.

Les abeilles sont vitales et il faut les protéger à tout prix de tous leurs prédateurs. Outre les humains, qui ne les respectent pas assez, les frelons et notamment les frelons asiatiques se font un malin plaisir à les tuer.

Malheureusement, ils sont tellement gros qu'un seul frelon peut tuer des centaines d'abeilles dans une ruche ! Mais lorsqu'un frelon oublie de prévenir ses potes pour le soutenir, les abeilles ont une belle surprise pour lui, car elles se mettent aussitôt à le recouvrir et à frotter leur corps contre lui pour l'étouffer par la chaleur. Vu qu'ils ne peuvent pas résister à des températures aussi élevées que les abeilles, les frelons sont littéralement cuits vivants.

SCORES

1. **DAUPHINS** — Qui sont capables de démolir les requins en se regroupant !
2. **MANGOUSTE** — L'ennemi n°1 de tout un tas des pires serpents venimeux de la planète.
3. **CALAMAR GÉANT** — Monstre de 13 mètres pour 250 kg armé d'un bec redoutable en battle contre les cachalots.
4. **RATEL** — L'animal le plus agressif du monde, qui terrorise même les lions les plus féroces !
5. **HIPPOPOTAME** — Avec ses 2000 kg, peut-être l'animal le plus cauchemardesque d'Afrique, car il est l'ennemi de presque tous les êtres vivants du continent !
6. **CHOUETTE** — Le prédateur ultime le plus sous-coté du monde ? Vole silencieusement et décapite tout ce qui bouge, en guerre totale contre les corbeaux.
7. **LOUTRE GÉANTE** — En Amazonie, elles se regroupent pour attaquer le caïman noir, caïd de 1300 kg pour 7 m de long.
8. **FOURMILLIER** — On le sous-estime, car il se nourrit de fourmis, mais, avec ses énormes griffes, il peut trancher la gorge des jaguars insolents qui s'approchent de trop près.

- GAME OVER -

LES CROCODILES

Saviez-vous qu'un crocodile peut nager aussi vite ?

Non, car avec les documentaires où on les voit allongés tranquilles au soleil, on se dit que ça doit être facile d'y échapper. Pas du tout ! Essayez un peu et il va vous attraper par le tibia et vous manger, point final. Un crocodile fuse à 35 km/h dans l'eau. Petit rappel : les nageurs olympiques vont à peu près à 8 petits km/h.

Un crocodile du Nil, c'est 4 mètres de long et 750 kg avec un gros appétit. Vous avez envie de jouer ? D'ailleurs, en moyenne, un touriste meurt chaque année en Afrique des suites d'une attaque d'un animal sauvage. À savoir que, à défaut de mourir, vous pouvez aussi vous faire arracher le quadriceps...

35 - 8

=

VOUS ÊTES DÉCÉDÉ !

↘ LES HIPPOTRAGUES

Vous vous rendez compte quel genre d'être insolent il faut être pour vous battre volontairement contre trois gros rhinocéros ? C'est le cas de l'hippotrague noir, qui est un pro de l'affrontement.

Cette espèce est toujours en mode bataille, que ce soit contre ces rhinocéros innocents ou face à des lions qui essaient de s'en faire un casse-croûte. Dans la savane, il faut faire un choix : la fuite ou la bagarre. L'hippotrague connaît sa force, du long de ses 2,50 mètres pour 270 kg, car c'est un animal robuste et courageux.

C'EST UN ANIMAL QUI N'A PEUR DE RIEN NI DE PERSONNE ET QUI CONTINUERA À DONNER DES COUPS DE TÊTE, MÊME BLESSÉ, MÊME AU SOL, COMME UN VÉRITABLE GUERRIER.

LE REQUIN-LUTIN

DANS LES TÉNÈBRES
DE L'OCÉAN PROFOND,
PERSONNE NE VIENDRA
VOUS SECOURIR !

➘ LES MANCHOTS sont des psychopathes

↘ LES ANIMAUX LES PLUS VIOLENTS

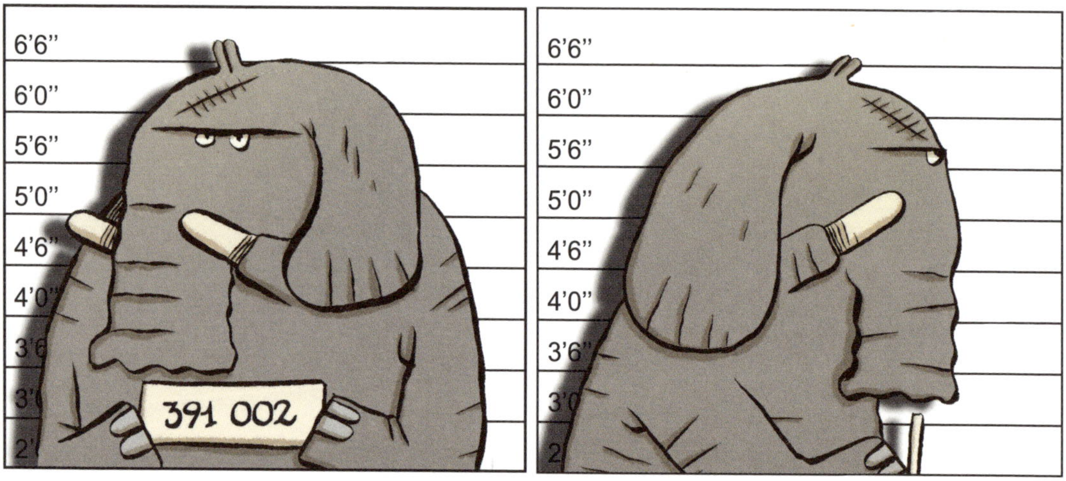

L'ÉLÉPHANT

Pays : En Afrique et Asie

Poids : 6 à 7 tonnes **Taille :** Un éléphant d'Afrique mâle adulte mesure 3,50 mètres au garrot

Caractéristiques : Bulldozer hormonal sur pattes

DÉPOSITION N°124

Pièce à conviction :
PHOTO

Lieu du délit :
PARKING DU MAMMOUTH

Police : Qu'est-ce qui s'est passé jeudi dernier sur le parking du Mammouth ?

Éléphant : Quoi ? Jeudi dernier ?

Police : Oui, vous êtes accusé de violence aggravée sur un conducteur

Éléphant : C'est pas moi, c'est mes hormones ! Quand je suis en période de reproduction, soit je chasse la femelle, soit je tape sur tout ce qui n'est pas une femelle...

Police : Va falloir vous calmer, on vous a à l'œil !

L'OURS MALAIS

Pays : Pays d'Asie du Sud-Est

Poids : 65 kg maxi **Taille :** 100 à 140 cm

Caractéristiques : Perversion, complexé par sa taille de minus

RAPPORT PSYCHANALYTIQUE

Docteur Sigmund Irwin

On observe que le plus violent et agressif de tous les ours est l'ours malais, qui vit dans la jungle d'Asie du Sud-Est.

Plus petit de la famille avec 1,40 m pour 65 kg, ce monstre à grosse tête ne vous attaque pas seulement si vous lui posez problème. Il vous attaque pour le plaisir de vous voir souffrir. Vous voyez, quand on vous dit de faire le mort ou de faire de grands gestes ?
De la même façon qu'avec l'ours polaire, ce n'est pas la peine d'essayer de feinter. Priez pour survivre, car votre destin est maintenant entre ses griffes !
Vous allez vous faire sculpter le crâne par ses coups de pattes et encore une fois ce bandit source de cauchemars en Asie est extrêmement rapide et est connu pour défigurer n'importe qui sans la moindre raison ni provocation.

Complexé par sa petite taille, il compense en écrasant vos os de la plus féroce des manières.

LE CHIMPANZÉ

Pays : Du Sénégal à la Tanzanie en Afrique

Poids : 60 kg **Taille :** Jusqu'à 94 cm

Caractéristiques : Gouvernement régi par la violence

Le monde pensait que les chimpanzés étaient des végans qui ne se mettaient dans le gosier que des fruits juteux, mais c'est FAUX !
On sait maintenant qu'ils croquent des petits singes sans aucune pitié et pas juste parce qu'il n'y a rien d'autre à manger.

Ils chassent et piègent activement toutes les petites victimes qu'ils trouvent et les envoient direct au paradis des primates avec une violence inouïe.

Une fois que leur intelligence a fait le taf et que le petit singe est attrapé, ils se posent et lui arrachent bras et jambes et se les partagent pour que le groupe puisse profiter du festin.

Le chimpanzé peut mettre K-O un humain d'une seule gifle et dispose d'une hiérarchie sociale très établie fondée sur l'écrasement de tête de tout insolent.

LE FRELON ASIATIQUE

Pays : Originaire d'Asie, migre vers des zones au climat tropical ou continental

Poids : 375 mg **Taille :** Une ouvrière mesure environ 1,5 à 3 cm

Caractéristiques : Système de type mafieux ...

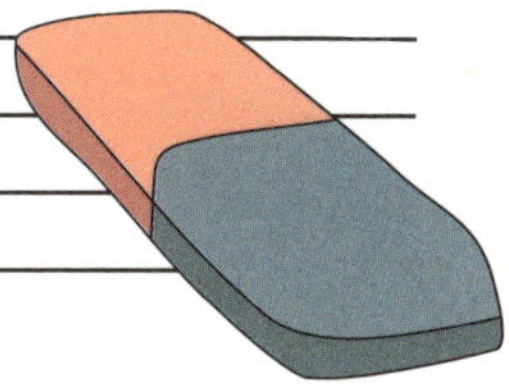

Ce redoutable insecte tueur d'abeilles serait arrivé en France en 2004 dans un conteneur de poteries chinoises et a depuis colonisé quasiment tout le territoire.

Connu pour attaquer les abeilles, qu'il enlève après avoir attaqué les ruches, pour aller les donner en pâture à ses larves. Les piqûres qu'il inflige avec son dard de 6 mm sont très douloureuses, même si théoriquement il ne piquera qu'à proximité de son nid ou s'il est irrité.

Avec eux, il n'y a pas de présomption d'innocence, on est coupable d'être vivant et on mérite tous de se faire piquer !

DÈS QUE LES HUMAINS ONT LE DOS TOURNÉ...
ON S'ÉCHAPPE ET ON LEUR FRACASSE TOUS LE CRÂNE !
OUÉÉÉ !

➘ LE GLOUTON roi de l'agressivité !

↘ LES ANIMAUX BARBARES...

COMME NOUS LES HUMAINS !

Comme nous, les animaux ont de belles maternités, offrant un climat sécure pour leurs petits bouts d'chou...

LES REQUINS-TIGRES DOIVENT TUER LEURS FRÈRES ET SŒURS DANS L'UTÉRUS POUR SURVIVRE

Le requin-tigre, c'est un tueur costaud de 500 kg, avec une belle tête d'insolent. Si vous le croisez lors d'une plongée sous-marine, ça peut dans le meilleur des cas gâcher votre journée parce qu'il va vite falloir sortir de l'eau ou, dans le pire des cas, ça va finir en combat à mort face à lui et vous risquez d'y perdre votre bras... ou plus !

Et y a-t-il meilleur apprentissage que de battre à mort ses frères et sœurs dès la naissance ? La nature est cruelle et elle l'est dès l'utérus, car les embryons se livrent un véritable tournoi mortel pour la survie, où les plus forts mangent les plus faibles jusqu'à ce qu'il n'en reste qu'un seul. Les portées peuvent compter jusqu'à 12 petits au départ, mais il n'y en a toujours qu'un seul qui survit !

Imaginez devoir supprimer vos frères et sœurs pour la survie, vous deviendriez un psychopathe assoiffé de sang à coup sûr.

Certains scientifiques estiment que cela est dû aux habitudes de reproduction des requins-tigres femelles, qui s'accouplent souvent avec plusieurs mâles, auquel cas les petits cherchent à représenter leur père en éjectant de la liste des vivants les petits des autres mâles inférieurs.

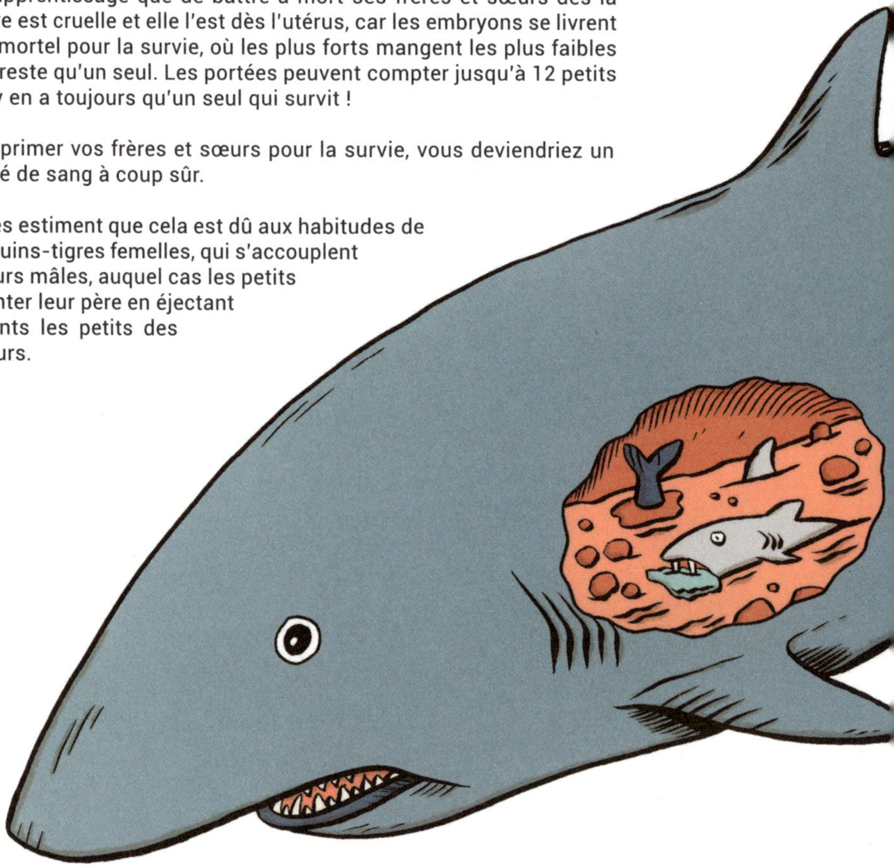

Qu'il est bon d'étudier et d'apprendre à vivre en société... Les animaux aussi ont ces espaces d'apprentissage pour bien remplir les têtes de leurs chérubins.

LES PETITS DES HYÈNES COMMENCENT À SE BATTRE ET À S'ENTRETUER DÈS LEUR NAISSANCE

Les hyènes sont sans pitié et forment des groupes dévastateurs qui font paniquer tout le monde dans la savane, des lions aux guépards, en passant par les herbivores et les petits animaux.

Les hyènes femelles donnent naissance de manière sanglante par un pseudo-pénis, alors que leurs petits sont très gros par rapport à elles, imaginez l'horreur.

Avec ce procédé pas très pratique, de nombreuses hyènes meurent en donnant naissance et beaucoup de petits suffoquent en essayant de sortir. Une naissance dans la douleur, ça commence bien !

Pour lui donner toutes ses chances, la mère injecte immédiatement des hormones qui le rendent extrêmement agressif. En cas de manque de nourriture, ni une, ni deux, un petit costaud va regarder ses frères et sœurs et en dévorer un sans pitié ni amour.

Les hyènes ont souvent plus de petits qu'elles ne peuvent en nourrir et élever en même temps, ce qui signifie que les nouveau-nés doivent apprendre à se battre ou mourir dès le départ s'ils veulent survivre dans ce monde de brutes.

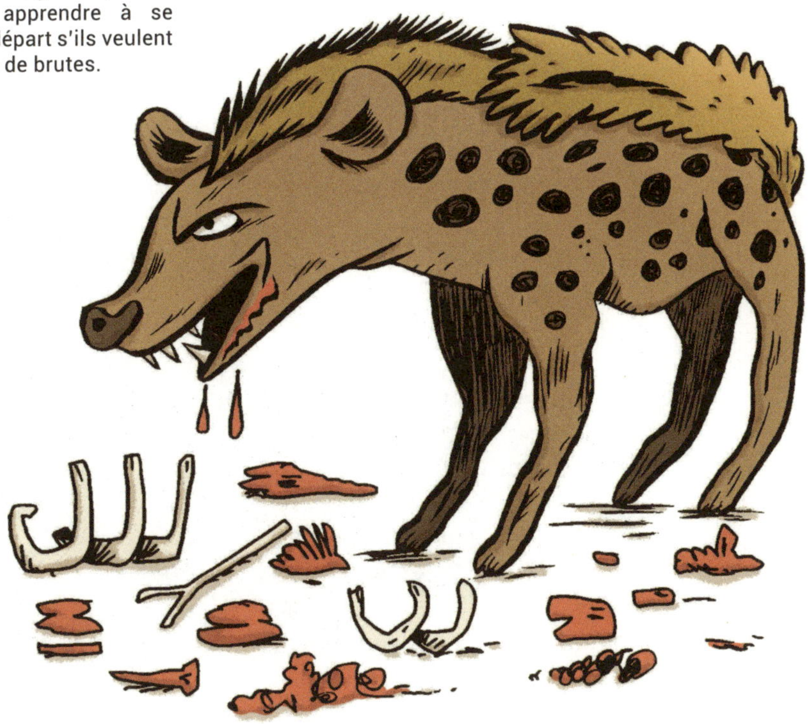

Est-ce qu'il n'y a rien de plus bon que de dormir dans un sac de couchage à la belle étoile? Et devinez quoi ? Mais ouiiiiii, les animaux ont leur propre matériel de camping !

LA GUÊPE ÉMERAUDE EST UNE SAUVAGE COMME ON LES AIME

Aussi belle qu'incroyablement cruelle avec nos meilleurs amis les cafards, car cette folie volante venue tout droit des régions tropicales d'Asie du Sud, d'Afrique et des îles du Pacifique, adore réaliser un des rituels les plus sadiques du monde animal.

La guêpe émeraude est une espèce parasitoïde. Elle va chercher un hôte à qui pourrir la vie et dans ce cas c'est un cafard qui va recevoir un joli cadeau. Elle dépose une larve sur son corps pour qu'il en prenne soin. Sans son consentement, évidemment !

Méthode : Elle va donc tourner autour du cafard jusqu'à le catcher pour le retourner sur le dos alors qu'il est deux fois plus costaud qu'elle. Cette vicieuse va ensuite le planter sec et lui injecter une méchante dose de venin.

Mais ça ne va pas le tuer, ce serait trop facile et sans intérêt ! Le venin va le rendre mou et sans réaction, mais bien vivant pour compléter le rituel où la larve est enfin déposée sur son corps.

Celle-ci va commencer par dévorer sa peau, puis va pénétrer à l'intérieur et passer des jours à dévorer d'abord ses organes non essentiels pour le garder vivant le plus longtemps possible, puis elle va se transformer, façon « dernière forme de Cell », à l'intérieur, pour devenir une guêpe à part entière et sortir du corps du cafard en l'explosant de l'intérieur.

Aaah, papa, ce héros ! Rien de tel que de prendre exemple sur son papounet pour se lancer gaiement vers l'avenir avec de bonnes bases affectives.

LES LOUTRES DE MER SONT PRÊTES À TOUT POUR TROUVER UN PARTENAIRE

Les loutres de mer sont connues pour être des créatures belles gosses qui se tiennent la main en flottant dans l'eau.
Et qu'est-ce qu'il se passe dès qu'il n'y a pas assez de femelles dans un coin où il y a un peu trop de mâles ?
La folie pure.

Les mâles deviennent obsédés par l'idée de copuler, peu importe avec qui, femelle ou mâle. Dans certains cas extrêmes, lorsqu'il n'y a vraiment aucune femelle depuis des jours et que le mâle n'en peut plus, il s'attaque à tout ce qui ressemble de près ou de loin à une femelle loutre, genre des bébés phoques.

Et oubliez toute idée de tendresse, parce que le mâle va y aller jusqu'à ce que le bébé phoque meure. Que ce soit par la violence elle-même ou par noyade. Un animal mort depuis plusieurs jours peut aussi être un partenaire sexuel en cas de disette.

Et pour eux, violence et sexe, même combat. Chaque année, en Californie, 11% des décès chez les loutres de mer sont causés par trauma après copulation violente.

Et ce ne sont pas que les femelles qui en souffrent, car les jeunes mâles aiment tellement ces actes barbares qu'ils reproduisent le comportement de leur violent paternel entre eux pour jouer. Tout devient violence : jeux, reproduction... souvent jusqu'à la mort.

Si un jour on manque d'agriculteurs, on pourra aller en recruter du côté des animaux, car, eux aussi, sont des spécialistes de l'élevage intensif !

LES FOURMIS SONT DES DICTATRICES

Elles réduisent les pucerons en soumission totale pour manger le liquide qu'ils produisent. Si elles faisaient la taille d'un chien, elles auraient exterminé les *Homos sapiens* il y a bien longtemps !
Ces armées de soldats qui ne vivent que pour le bien-être de la colonie sont adeptes du règne de la terreur et de la soumission totale à la reine.

Les fourmis sont déjà connues pour avoir différents rôles au sein de leur propre espèce, mais que faire quand certains rôles n'ont pas trouvé preneur ? Rien de plus simple, allez chez « Pôle esclave » et chopez des pucerons qui vous serviront de serviteurs dociles qui ne se rebelleront jamais. Bingo !

Les pucerons se nourrissent exclusivement de sève riche en sucre et produisent un liquide translucide et bien sucré qui s'appelle le miellat. Pour les fourmis, c'est un régal absolu !
Elles mangent le miellat à peine sorti des pucerons et c'est d'ailleurs pour ça qu'elles les élèvent comme du bétail !
C'est la seule autre espèce animale à élever des animaux pour se nourrir, comme les humains avec le lait des vaches.

En revanche, toutes les espèces de pucerons ne donnent pas de miellat, et quand les fourmis se rendent comptent que les pucerons en face d'elles ne sont qu'une bande d'inutiles improductifs, elles les dévorent sans pitié. Dans tous les cas, elles vont se nourrir, aux pucerons de savoir s'ils jouent le jeu ou s'ils se feront balayer vers le cimetière illico.

LE RATEL

SI VOUS PENSEZ QUE LE LION EST LE KING DES ANIMAUX, VOUS VOUS TROMPEZ. LE BOSS, C'EST LE RATEL
T'ENTENDS ÇA, DISNEY ?
TU FAIS UN FILM SUR MOI OU JE VAIS TOUS VOUS ÉCLATER !
VIVANT SUR LES CONTINENTS AFRICAIN ET ASIATIQUE, CE PETIT GRINGALET D'1 M DE HAUT POUR 15 KG EST L'ANIMAL LE PLUS AGRESSIF AU MONDE
C... COMMENT ÇA, ÇA VOUS INTÉRESSE PAS ?
B... BOUGE PAS, STEVEN SPIELBERG, J'ARRIVE ET JE VAIS TOUS VOUS FUMER !
RAAH !
LA PEAU DE CE PETIT TANK SUR PATTES EST TELLEMENT ÉPAISSE ET SOUPLE QU'ELLE RÉSISTE AUX MORSURES DES LIONS
LÂCHE-MOI DU «BRUSHING» !
J'AI RENDEZ-VOUS AVEC STEVEN SPIELBERG, MOI !
PAF
PAF
PAF
HOLLYWOOD
SES CROCS SI AIGUISÉS ET CAPABLES D'ÉCLATER UNE CARAPACE DE TORTUE SE FERONT UNE JOIE D'ARRACHER LES TESTICULES DU ROI DE LA JUNGLE
ALORS, ON LE FAIT CE FILM MAINTENANT ?
BLOF
BERG

↘ LE DIABLE DE TASMANIE

Dans l'une des îles les plus reculées du monde, au sud de l'Australie, vit un démon qui a hanté par son cri atroce les nuits de tout humain dans les parages, le diable de Tasmanie. Les Européens ont nommé ces créatures de la nuit « démons », car seules des créatures sorties des enfers peuvent faire un bruit pareil.

Leur morsure est la plus puissante de tous les mammifères en proportion de leur corps et il est facilement capable de briser des os en miettes. D'ailleurs ils ne sont jamais rassasiés et dévorent la totalité du corps de leur victime, chair, peau, os... TOUT !

Ces fous sont des marsupiaux, comme les koalas et les kangourous, et portent leurs petits dans une poche ventrale.

Bien que solitaires, ils n'hésitent pas à se battre pour savoir qui aura le meilleur morceau quand une proie est prête à être mangée. Seul le leader pourra se régaler.

↘ L' ÉLAN l'animal le plus terrifiant du Nord

↘ LES ANIMAUX QUI TUENT LE PLUS D'HUMAINS

– BULLETIN DE NOTES –

ÉLÈVE	NOTE	MÉTHODE	APPRÉCIATION
Les Chauves-Souris	3 MORTS / AN	Elles vous transmettent la rage, maladie encore aujourd'hui extrêmement mortelle qui met une clé de bras à tout votre système nerveux jusqu'à votre décès pur et simple.	PEUT MIEUX FAIRE, ON EST LOIN DU SUPER-HÉROS
Les Ours	3 MORTS / AN	Dans les contrées américaines, on est plutôt dans la légitime défense, où les gens qui viennent embêter les ours, et notamment les chasseurs, se font taper par des pattes d'ours brun qui peuvent vous décapiter d'un seul coup.	VA FALLOIR SE SORTIR LES GRIFFES DE LA TANIÈRE
Les Élans	5 MORTS / AN	Cassent la figure de tous les insolents en voiture qui osent venir les déranger lorsqu'ils sont peinards en train de se balader.	CARIBOU, T'AS CASSÉ LA CHARETTE
Les Araignées	10 MORTS / AN	Bien que ces démons brésiliens et australiens aient assez de venin pour terrasser des équipes de foot avec remplaçants, les antivenins sont très efficaces et empêchent les arrêts du cœur à répétition.	MINABLE ! UN PHYSIQUE POURTANT PROMETTEUR
Les Requins	11 MORTS / AN	11 attaques mortelles par an sur environ 80 attaques dont 90 % n'étaient pas provoquées. C'est-à-dire que les requins, principalement bouledogues, tigres et grands blancs, avaient juste une envie de manger du quadriceps sauce globule rouge pour leur goûter.	QUE 11 MORTS SUR 80 ATTAQUES, QUEL GÂCHIS, SURTOUT QUAND ON VOIT TOUS CES BEAUX RÔLES AU CINÉMA

IL VA FALLOIR SE RESSAISIR AU DEUXIÈME SEMESTRE, SINON... REDOUBLEMENT !!!

↘ BILAN DES MORTS

Les Chevaux — 20 MORTS / AN

Avec 20 morts par an, les chevaux sont à votre grande surprise dans notre classement... mais également au-dessus des requins !
Il semblerait qu'il ne faille pas les embêter, sous peine de se prendre un puissant kick capable de vous briser le crâne, aïe !
Ces morts élevées proviennent en fait des accidents d'équitation, notamment en Australie, avec 7 décès par an, quand les monteurs de chevaux chutent et se font écraser notamment le cou par ces bêtes pesant plus de 300 kg.

Les Lions — 30 MORTS / AN

Les lions ne sont pas en reste et viennent croquer à mort plus de 30 humains par an, dont la majorité en Tanzanie. Pour avoir la paix de l'esprit, on peut s'imaginer que toutes les victimes sont des *** de braconniers, mais aussi de ces touristes dans les safaris qui sortent de leur voiture en pensant qu'ils ont le temps de prendre une photo...

Les Fourmis — 25 MORTS / AN

Les fourmis de feu vous piquent et vous injectent leur venin qui vous fait hurler de douleur et, pour les malchanceux allergiques, ou ceux qui se font poignarder un peu trop souvent, c'est la case cercueil.

Les Léopards

35 MORTS / AN

Un autre félin se joint à la fête, car le léopard extermine 32 humains chaque année. Ce petit tueur agile d'Afrique à l'Asie est un monstre qui aime choper le crâne d'humains qui passent sous sa fenêtre sans aucun respect pour son territoire.

Les Vaches

35 MORTS / AN

Vous pensez que c'est une blague, mais les vaches sont responsables de plus de 35 actes de décès humains par an dans le monde. La plupart sont causés par des mères protectrices de leurs petits qui démontent des fermiers en ruant et le reste... des idiots qui font des câlins aux vaches, puis se font écraser par 900 kg d'amour quand celles-ci se couchent sur eux (meuuh) !

Les Tigres

40 MORTS / AN

Prédateurs balèzes, les tigres s'occupent de contrôler la surpopulation humaine en mangeant 40 humains par an. Ce nombre ne fait que diminuer, non pas parce que les tigres sont devenus de bons voisins sympatoches, mais parce que le nombre de tigres dans la nature est en chute libre.

Saviez-vous qu'il y a autant de tigres en captivité au Texas qu'à l'état sauvage dans le monde entier ?

LES VENIMEUX

Les Abeilles

95 MORTS / AN

Les Poissons-ballons

100 MORTS / AN

Le poisson-ballon est hautement venimeux et tue près de 100 humains par an. Non pas dans l'eau en piquant leurs petites fesses, mais en se faisant mal cuisiner par des chefs de pacotille au Japon qui ne savent pas enlever la poche de venin avant de le servir, ce qui conduit les clients à fermer leurs yeux à tout jamais.

Allez, on double le level d'homicides et on passe à 95 morts par an causés par les piqûres d'abeilles et de frelons. Autant nos petites abeilles d'Europe sont mignonnes comme tout et il faut les préserver, autant les abeilles tueuses d'Afrique (qui vous bzz bzz la tête) et les frelons asiatiques (qui considèrent qu'un bon humain est un humain mort) sont des dangers à éviter absolument.

Les Méduses

110 MORTS / AN

Les méduses qui terrifient les baigneurs de l'Indo-Pacifique jusqu'à l'Australie avec 110 morts par an, mais sûrement bien plus non documentés dans les zones les plus pauvres d'Indonésie.
C'est marrant qu'un animal sans cervelle soit tellement toxique qu'il puisse tuer des humains en moins de 2 minutes. Comme quoi la stupidité est un fléau bel et bien nocif pour l'humanité :-)

LES BOLÈZES

Les Cerfs

200 MORTS / AN

Ils ont peut-être des bouilles de BG, mais les cerfs sont responsables de 200 morts humaines par an de la même manière que leurs cousins les élans (accident de la route), mais en pire.

Les Buffles

200 MORTS / AN

Ex-aequo, les buffles d'Afrique ne sont pas surnommés « Mort Noire » pour rien, car ces bulldozers de 900 kg qui humilient des lions n'hésitent pas à casser 200 *Homo sapiens sapiens* chaque année.

Les Éléphants

500 MORTS / AN

Les éléphants écrasent 500 personnes par an dans le monde avec notamment plus de 300 par les éléphants d'Asie ou d'Inde, lorsque ceux-ci se ruent dans les champs agricoles pour manger les jeunes pousses et les autres lors de scénarios similaires dans les terres agricoles africaines ou parfois par karma, quand les éléphants éclatent la gueule de braconniers.

Les Hippopotames

500 MORTS / AN

Symbole de la violence à outrance, les hippopotames et leurs 2000 kg n'ont guère d'amour pour les êtres vivants, y compris les jeunes de leur espèce. Ils transforment en compote plus de 500 humains par an par simple envie de meurtre.

Les Vers plats

400 MORTS / AN

Danger bien plus petit et sournois, les vers plats envoient sous terre 400 personnes par an en infestant leurs intestins après consommation de viande infestée mal cuite, puis leur cerveau en y causant la cysticercose par ses larves qui vous démontent agressivement le cerveau de l'intérieur jusqu'à ce que mort s'en suive.

↘ LE PODIUM DES KILLERS

Les Crocodiles

1000 MORTS / AN

Les crocodiles anéantissent les rêves de belle et longue vie de plus de 1000 humains tous les ans, en particulier les crocodiles marins, qui découpent du tibia dans l'Indo-Pacifique, et les crocodiles du Nil, qui se lavent les dents avec votre moelle épinière.

Les Scorpions

3250 MORTS / AN

Roi de la piqûre, le scorpion balaie de l'existence près de 3250 personnes par an, majoritairement dans les pays où malheureusement les antivenins ne sont pas rapidement accessibles.

Les Mouches

10000 MORTS / AN

Les mouches tsé-tsé taclent vers l'au-delà près de 10 000 personnes par an selon les estimations en leur transmettant des parasites causant la maladie du sommeil, qui ne montre de réels symptômes que quelques mois, voire quelques années, après infection.

Les Réduves

13000 MORTS / AN

Surnommés « insectes assassins », ils tuent près de 13 000 humains par an en leur transmettant par bisou fatal la maladie de Chagas parasitaire, qui, après 10 à 20 ans, vous cause des lésions du cœur et du système nerveux irréversibles.

Les Escargots

20 000 MORTS / AN

Les escargots, d'eau douce en particulier, sont porteurs de vers parasites qui vous envoient par lettre recommandée avec remise en main propre la schistosomiase (douleurs abdominales, sang dans les urines…), qui conduit à votre mort.

Les chiens

25 000 MORTS / AN

Les chiens ont beau être en majorité des toutous mignons, il n'en reste pas moins qu'ils terrassent 25 000 vies humaines par an, non pas en les tuant directement, ce qui ne représente qu'une cinquantaine de personnes annuellement, mais en leur transmettant à l'état sauvage la rage par morsure, notamment dans les pays les moins développés.

Arachnophobes, vous voyez donc qu'il est plus judicieux d'être effrayé par les moustiques insolents que par les araignées !

Les Lombrics

60 000 MORTS / AN

4

Les ascaris lombricoïdes sont des verts terrifiants qui viennent de sols agricoles contaminés, qui envahissent votre petit intestin et vous causent un milliard de problèmes et douleurs.

3

Les Serpents

100 000 MORTS / AN

En vous injectant leur liquide du bonheur, qui vous plie le système nerveux ou les muscles ou les cellules.

2

Les Humains

475 000 MORTS / AN

Nous, humains, ne sommes que 2es sur le classement, car nous causons près de 475 000 morts par an par barbarie, sauvagerie, connerie, stupidité, envie de faire du mal et j'en passe.

1

Les Moustiques

750 000 MORTS / AN

Vous l'aurez deviné, le grand gagnant de notre classement est l'animal le plus aimé du monde, le formidable moustique.

750 000 morts par an, tel est son terrible bilan humain, par transmission de maladies hautement mortelles comme le paludisme, la dengue, Zika, le chikungunya, j'en passe et des meilleures…

REMERCIEMENTS

MERCI

À Cyrielle, la première qui a cru en moi
et mes ambitions insolentes.
Tu me guides et me remets dans le droit chemin
avec un soutien sans faille.
Merci d'être toi et de supporter mes foutaises.

À Gérard, qui, en m'ayant soutenu (physiquement)
lors d'une sortie estivale, avait, sans le savoir,
posé la première pierre d'une future association
qui est le cœur de notre réussite présente et future.

À Patrice, qui a vu un duo expérimental et en a fait
un trio prêt à conquérir n'importe quel sommet
de par sa vision et ses idées ô combien nécessaires.

Je souhaite à tout entrepreneur d'avoir un Gérard
et un Patrice à ses côtés.

À Adrien Aversa, fondateur de Marmeladz,
premier professionnel à avoir cru en mes capacités
et qui m'a permis de pouvoir vivre de mon travail.
Je te serai à tout jamais reconnaissant.

À Isabelle Saporta et Damien Bergeret, qui m'ont découvert et m'ont approché
avec l'idée de ce livre, et à toute l'équipe de Fayard pour avoir participé à sa réalisation.

À Sylvère Jouin / Le Cil Vert et à Anaïs Frébeau, qui, par leur talent graphique clairement
étalé page après page, ont permis de donner vie à *La Vengeance des animaux*.

À tous mes amis, tous plus géniaux les uns que les autres,
et à qui je ne souhaite que le meilleur.

À ma famille, qui m'a toujours soutenu dans chacune
de mes décisions, plus ou moins bonnes,
avec un amour infini.

À Sam, parti trop tôt. Si je ne deviens que la moitié
de l'humain que tu étais, ma vie sera une réussite.

NOLAN

Un grand merci à toi, Nolan, c'était tellement facile de
travailler avec toi qu'on s'est même demandé si on était
en train de travailler !

Damien, c'était tellement facile de travailler avec toi qu'on
s'est même demandé si on était en train de travailler !
Ah, mais on l'a pas déjà dit, ça ?

Clin d'œil à notre tribu, Jasmine, Chloé, Tom et Romy.

SYLVÈRE & ANAÏS

PAPIER CERTIFIÉ

Achevé d'imprimer en France en septembre 2024
sur les presses de Pollina à Luçon
pour le compte des Éditions Fayard,
13, rue du Montparnasse, 75006 Paris
N° Éditeur : 32.3307.7/01
N° d'impression : 51030